Alfons Schuhbecks
Feine Gewürz- und Kräuterküche

INHALT

VORWORT	6
VORWORT BAYERN 3	8
KRÄUTER & GEWÜRZE VON A–Z	10
NÜTZLICHE GERÄTE	36
SNACKS & SALATE	38
SUPPEN & EINTÖPFE	56
FLEISCH & GEFLÜGEL	72
FISCH	92
VEGETARISCHES	108
DESSERTS	122
REGISTER	134

VORWORT

ABWECHSLUNGSREICH, AROMATISCH UND GESUND

Es gab Zeiten, in denen waren Kräuter (die Blätter von frischen oder getrockneten Pflanzen) und Gewürze (Pflanzenteile wie Knospen, Früchte, Beeren, Wurzeln oder Rinden) so wertvoll wie Gold, Silber und Edelsteine. Im alten Rom konnte man sich für Pfeffer die Bürgerrechte kaufen, in Germanien wechselte ein kräftiges Pferd für ein paar Safranfäden den Besitzer. Für Gewürze wurden die Weltmeere bereist und große Handelsrouten ausgebaut. Um die Vormachtstellung im Gewürzhandel wurde unter den Seefahrernationen erbittert gekämpft. Letztendlich geht sogar die Entdeckung Amerikas darauf zurück: Christoph Kolumbus brach in den Westen auf, um einen Seeweg nach Indien – dem Kontinent der Gewürze – zu finden, was aber erst 1498 Vasco da Gama gelang.

Der hohe Wert von Kräutern und Gewürzen ist jedoch nicht allein auf ihren Geschmack und ihr Aroma zurückzuführen, sondern auch auf ihre gesundheitlichen Wirkungen. Das Wissen um die Heilkraft von Pflanzen und ihr Einsatz in der Medizin ist uralt. In diesem Jahrhundert geriet es ein wenig in Vergessenheit und erlebt erst jetzt wieder eine Renaissance, in einer immer mehr auf gesunde Ernährung ausgerichteten Gesellschaft.

Ob verdauungsfördernd, blutbildend, herzstärkend, ob beruhigend oder auch aphrodisierend – gegen fast jedes Leiden ist ein Kraut gewachsen. Der gesundheitliche Wert von Kräutern wurde schon früh beim Kochen berücksichtigt, wie viele überlieferte Rezepte beweisen. Sauerkraut zum Beispiel wird gerne mit Kümmel gewürzt und in Entenbratensaucen findet sich häufig Ingwer. Das hat seine Gründe: Während Sauerkraut eher blähende Eigenschaften hat, dämpft der Kümmel diese Wirkung. Ingwer wiederum hilft bei der Verdauung von fettreichen Speisen.

Welche Wechselwirkungen haben Kräuter und Gewürze? Wie entfalten sie am besten ihr Aroma? Zu welchen Gerichten passen sie? Wie dosiert man sie optimal? Wann muss man die Kräuter beim Kochen dazugeben? Alle diese Fragen beantwortet dieses Buch. Natürlich auf kulinarischem Weg mit vielen raffinierten, aber auch verblüffend einfachen Rezepten.

Ihr Alfons Schuhbeck

ALFONS SCHUHBECK IST SERGEANT PEPPER

Freitag ist Schuhbeck-Tag in Bayern 3. Seit Jahren schon, und schuld daran ist Thomas Gottschalk: Bereits in den 80ern holte er den Starkoch Alfons Schuhbeck aus dem oberbayerischen Waging am See in seine *B3-Radioshow*. Viele Hörer und noch mehr Hörerinnen konnten von Schuhbeck im Radio gar nicht genug kriegen. Sie verlangten einen Nachschlag.

Neuerdings führt Bayerns Starkoch als »Sergeant Pepper« das Kommando in Bayern 3. Diesmal sind es Kräuter und Gewürze, die er mit seinem ganzen Können und seiner großen Erfahrung meisterhaft erklärt. Fast jeder benutzt sie, aber kaum einer kennt ihre Vielfalt und Raffinesse: Kräuter und Gewürze sind wohlriechende und wohltuende Helfer aus der »Apotheke der Natur«. Sie sorgen für Gaumenfreude und sind oft auch noch wohlschmeckende Medizin. Ihr Geruch fasziniert uns, wirkt appetitanregend, ihr Geschmack sorgt für Hochgenuss. Curry z. B. kann aus einer normalen Bratwurst ein Imbiss-Erlebnis machen. Wie fad schmecken Tomaten ohne Basilikum!

Freitag ist Schuhbeck-Tag in Bayern 3: der Starkoch mit den Moderatoren Katja Wunderlich und Markus Othmer.

Eine Pizza ohne Oregano oder Kartoffelpüree ohne Muskatnuss – unvorstellbar! Ein frisches Kräutersüppchen bringt selbst Kranke wieder auf die Beine. Wer sich bewusst und gesund ernähren will, kommt an Kräutern und Gewürzen nicht vorbei. Sie halten fit und geben dem Essen erst den richtigen Pfiff. Sie sorgen auch dafür, dass fetter Braten bekömmlich wird und nicht wie ein Stein im Magen liegt.

Ein Starkoch wie Alfons Schuhbeck weiß natürlich, dass jedes Gewürz unter verschiedenen Bedingungen auch völlig anders schmecken kann. Auch hier kommt es auf die richtige Dosis an: Weniger ist oft mehr. Welches Gewürz passt zu welchem Gericht und wie kann man es mit passenden Kräutern kombinieren? Alfons Schuhbeck kennt für jedes Kraut das passende Gericht und verrät seine Tricks bei der Zubereitung – damit auch jedes Kraut bzw. Gewürz seine Wirkung voll entfalten kann.

Es bleibt aber nicht bei raffinierten Rezepten und praktischen Tipps, um Feines noch feiner zu machen. Auch die medizinischen Wirkungen von Gewürzen nimmt Alfons Schuhbeck genau unter die Lupe. Und er beschäftigt sich sehr volksnah mit der Geschichte der Gewürze. Eine Redensart wie »Geh doch hin, wo der Pfeffer wächst!« muss einen »Sergeant Pepper« natürlich zur genauen Recherche reizen. Und wo kommt er nun her? Alfons Schuhbeck schickt seine Hörer und Leser in die Äquatorgegend in Südindien. Ganz nebenbei erfährt man dabei auch, dass Venedig die Metropole des Pfefferhandels war. Und dass reiche Händler sich damals »Pfeffersäcke« schimpfen lassen mussten. Denn Pfeffer war ein so hochwertiges Zahlungsmittel, dass die Körner sogar mit Gold aufgewogen wurden.

Doch Hören ist die eine Hälfte, Sehen und Nachlesen die andere. Wenn »der Alfons« im Radio die Pfeffermühle dreht, bekommen die Hörer auch bei dieser neuen Reihe Lust, seine Rezepte selbst auszuprobieren. Die Resonanz unter den Bayern-3-Hörern ist enorm: Nach jeder Sendung rufen sie an oder schicken eine E-Mail und verlangen nach mehr. Das sollen sie auch diesmal bekommen. Das Ergebnis liegt vor Ihnen: Unser Bayern-3-Kochbuch von Alfons Schuhbeck, dem »Herrn der Gewürze«. Wir wünschen Ihnen viel Spaß damit!

Alfons Schuhbeck kennt für jedes Kraut das passende Gericht – damit es seine Wirkung auch voll entfalten kann.

Kräuter von A – Z

Bärlauch

Herkunft: Der wild wachsende Bärlauch kommt in ganz Europa vor und steht in manchen Regionen sogar unter Naturschutz. Die Blätter können beim Sammeln leicht mit den giftigen der Maiglöckchen verwechselt werden. Bärlauch jedoch riecht eindeutig nach Knoblauch, weshalb er auch »Waldknoblauch« genannt wird. Zur Vorsicht am besten immer an den Blättern riechen!

Aroma: Trotz seines knoblauchähnlichen Geruchs schmeckt Bärlauch nur leicht danach. Nach dem Kochen fällt das Aroma wesentlich milder aus.

Gesundheitliche Wirkung: Bärlauch hat alle positiven Eigenschaften von Knoblauch. Er ist reich an Eisen und Vitamin C und gilt in der Volksmedizin als Blutreiniger und Blutdrucksenker. Er fördert den Appetit, unterstützt mit seinem schwefelhaltigen Öl die Verdauung und wirkt herzstärkend.

Saison: Bärlauch sollte von März bis Anfang Mai, also unbedingt vor der Blüte, gepflückt werden.

Verwendung: Besonders köstlich ist Bärlauch als Pesto (fein gemixt mit Olivenöl und Pinienkernen) und kurz gedünstet unter Pasta oder Risotto. Er passt nicht nur zu den verschiedensten Suppen, Salaten und Gemüsegerichten, sondern auch zu Gratins, Kräuterquark und Kräuterbutter.

Küchentipp: Die Blätter möglichst frisch verarbeiten und immer nur kurz mitkochen. Die Bärlauchzwiebeln können wie Knoblauch verwendet werden: einfach hacken oder zerdrücken.

Lagerung: In feuchtes Küchenpapier und Folie eingewickelt oder in einer Frischhaltedose fest verschlossen ist Bärlauch im Kühlschrank einige Tage haltbar. Zum Trocknen ist dieses Kraut ungeeignet.

Schuhbecks Rezepte: Seiten 55, 58, 111

Bärlauch wächst im Mai überall auf feuchten, schattigen Wiesen.

BASILIKUM

Herkunft: Das aromatische Kraut gibt es in vielen Variationen, neben der grünen ist die rote Sorte die bekannteste. Basilikum wächst vorwiegend im Mittelmeerraum, bei uns auch in Blumentöpfen auf Fensterbänken und Balkonen. Voraussetzung dafür sind sandig-lehmige Erde, ein sonniger Platz und Windschutz!

Aroma: Frisches Basilikum besitzt einen pfeffrig-würzigen, etwas süßlichen Geschmack. Getrocknet hat das Kraut einen leichten Beigeschmack von Minze.

Gesundheitliche Wirkung: Basilikum enthält neben ätherischen Ölen auch Gerbstoffe und wertvolle Flavonoide. Es hilft bei Appetitlosigkeit und Verdauungsproblemen, entschlackt und regt die Fettverdauung an. Außerdem schafft es Abhilfe bei Nervosität, Schlaflosigkeit und Migräne.

Saison: Im Topf ganzjährig, eigene Ernte ab Juni.

Verwendung: Eignet sich auch als Suppengrün und passt zu Eintöpfen, Fisch (mit Rosmarin und Salbei) und Geflügel, zu Salaten und Weichkäse, zu Pilzen oder Eiern, als Pesto zu Pasta oder zu Reisgerichten.

Küchentipp: Die frischen Blätter am besten nicht mit dem Messer schneiden, sondern zupfen und immer erst kurz vor dem Servieren in die warmen Gerichte geben, da sie sonst leicht bitter werden. Man kann Basilikum frisch oder getrocknet verwenden.

Lagerung: Für eine kurze Lagerzeit kann man die frischen Blätter in einer Plastiktüte in den Kühlschrank legen. Für längere Aufbewahrung möglichst in Essig oder Olivenöl einlegen oder tiefgefrieren. Dazu die Blätter waschen, roh pürieren und mit wenig Wasser in der Eiswürfelschale einfrieren. Getrocknete Blätter in fest verschlossenen Behältern dunkel und bei Zimmertemperatur aufbewahren.

Schuhbecks Rezepte: Seiten 40, 45, 47, 68, 99, 101

BEIFUSS

Herkunft: Beifuß, auch »wilder Wermut« oder »Gänsekraut« genannt, stammt vermutlich aus Asien und ist heute in ganz Europa, Asien und Amerika bekannt. Das Würzkraut wächst bei uns meist als Unkraut an Wegrändern, Zäunen, Schutthalden, Böschungen oder Ufern; es wird aber auch angebaut.

Aroma: Das würzig-bittere Aroma erinnert an eine Mischung aus Wacholderbeeren, Nelken und Minze.

Gesundheitliche Wirkung: Aufgrund seiner Bitterstoffe und ätherischen Öle ist Beifuß ein so genanntes aromatisches Bittermittel, das Magen und Darm anregt, die Leber und den Gallenfluss unterstützt und dadurch bei der Fettverdauung hilft.

Saison: Bevor die Blütenknospen aufgehen, werden im Juli und August die Rispen geerntet.

Verwendung: Als typisches Herbst- und Wintergewürz macht Beifuß deftige Gerichte wie Aal, Ente, Gans, Schwein und Lamm bekömmlich. Aber auch Pilze, Steckrüben, Hülsenfrüchte oder herzhafte Gemüsegerichte mit Kohl können mit Beifuß gewürzt werden.

Küchentipp: Beifuß immer in den Gerichten mitkochen und dabei möglichst auf andere Kräuter verzichten, denn nur Zwiebeln, Knoblauch und Pfeffer harmonieren mit Beifuß. Bei frischem Beifuß lediglich die blattlosen Blütenrispen verwenden, da die Blätter selbst meist bitter schmecken.

Lagerung: Auch durch Trocknen behält Beifuß sein Aroma und seine Wirksamkeit.

Schuhbecks Rezepte: Seiten 71 und 74

KLEINES KRÄUTER-LEXIKON

BOHNENKRAUT

Herkunft: Mit »Pfefferkraut«, wie Bohnenkraut auch genannt wird, würzen Köchinnen und Köche in den Mittelmeerländern seit der Antike. In hiesigen Breiten wurde dieses Kraut seit dem 9. Jahrhundert von Mönchen kultiviert. Es ist heute vor allem in Frankreich beliebt, wo es zu den »Kräutern der Provence« unbedingt dazugehört.

Aroma: Bohnenkraut riecht stark nach Bohnen und hat einen leicht pfeffrigen, scharfen bis würzig-bitteren Geschmack, der entfernt an Minze und Thymian erinnert.

Gesundheitliche Wirkung: Durch sein ätherisches Öl sowie Gerb- und Bitterstoffe beeinflusst Bohnenkraut günstig den gesamten Magen- und Darm-Trakt. Es wirkt außerdem appetitanregend und belebend.

Saison: Ernte zur Blütezeit von Juni bis September.

Verwendung: Dieses Küchenkraut gehört klassisch zu Bohnengerichten, passt aber auch zu Eintöpfen aus Hülsenfrüchten und Gemüse, zu Schmorgerichten mit Kaninchen, Geflügel, Schwein oder Lamm sowie zu Fisch und Meeresfrüchten.

Küchentipp: Bohnenkraut möglichst frisch verwenden. Die ganzen Bohnenkrautstängel werden von Anfang an mitgekocht. Junge Blätter ganz oder gehackt erst kurz vor dem Servieren zugeben. Getrocknet schmeckt es nur, wenn es mitgekocht wurde. Die blauen, hellroten oder weißen Blüten schmücken Sommersalate.

Lagerung: Im Kühlschrank kann man Bohnenkraut in einer Plastiktüte einige Tage aufbewahren. Frisches Bohnenkraut für den Vorrat an der Luft trocknen, dadurch verstärkt sich sein Geschmack. Anschließend am besten luftdicht und dunkel aufbewahren oder auch fein gehackt in der Eiswürfelschale einfrieren. Frische Bohnenkrautzweige können auch in Essig eingelegt und dann für Salate und Marinaden verwendet werden.

Schuhbecks Rezepte: Seiten 83, 85, 114, 116, 121

BRUNNENKRESSE

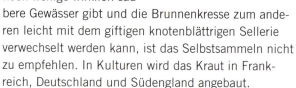

Herkunft: Brunnenkresse wächst in vielen Ländern wild an sauberen Bächen und Seen. Da es zum einen nur noch wenige wirklich saubere Gewässer gibt und die Brunnenkresse zum anderen leicht mit dem giftigen knotenblättrigen Sellerie verwechselt werden kann, ist das Selbstsammeln nicht zu empfehlen. In Kulturen wird das Kraut in Frankreich, Deutschland und Südengland angebaut.

Aroma: Brunnenkresse besitzt ein aromatisch scharfes und herb-pikantes Aroma, das ein wenig an Rettich und Senf erinnert.

Gesundheitliche Wirkung: Brunnenkresse ist reich an Vitamin C und Mineralstoffen. Sie stärkt die Abwehrkräfte, hilft gegen Frühjahrsmüdigkeit und wird in der Naturheilkunde zur Blutreinigung und Fiebersenkung eingesetzt.

Saison: Geerntet wird Brunnenkresse zwischen März und Mai sowie im November und Dezember.

Verwendung: Brunnenkresse kommt am besten grob gehackt in Salaten oder Saucen mit Sauerrahm oder auch fein gehackt in Quark zur Geltung. Sie passt aber auch sehr gut zu Cremesuppen, Gemüse mit Fenchel, Lauch, Pastinaken, Petersilienwurzel, Stangensellerie oder zu Geschnetzeltem von Huhn, Kalb, Rind oder Lamm.

Küchentipp: Brunnenkresse aus Wildbeständen sollte immer sehr sorgfältig gewaschen werden! Größere, reife Blätter schmecken am besten. Die dickeren hohlen Stängel entfernen und die Blätter erst unmittelbar vor dem Servieren untermischen.

Lagerung: Da Brunnenkresse nicht lange haltbar ist, am besten gleich beim Einkauf feucht transportieren. Zu Hause so in kaltes Wasser legen, dass die Blätter obenauf schwimmen.

Schuhbecks Rezept: Seite 76

DILL

Herkunft: Dill, auch »Hexenkraut« genannt, war bereits bei den Ägyptern bekannt und gilt heute besonders in der skandinavischen Küche als das typische Würzkraut. Diese zarte Arznei- und Gewürzpflanze wird vor allem in Polen, Russland, Skandinavien, der Türkei und Großbritannien gezüchtet.

Aroma: Dill besitzt ein ausgeprägtes, pikantes Aroma, das entfernt an Anis, Fenchel und Kümmel erinnert.

Gesundheitliche Wirkung: In der Antike war Dill ein Symbol für Lebensfreude und Lebenskraft. Seine ätherischen Öle wirken beruhigend und fördern die Verdauung. Übrigens sorgt das Kauen von Dillsamen für einen frischen Atem.

Saison: Die Haupterntezeit sind die Monate von April bis Juni.

Verwendung: Dill hat seine festen Partner wie Lachs und andere Fische und Meeresfrüchte oder Gurken. Doch er eignet sich auch gut zur Verfeinerung von Rohkost, von hellen Saucen, Salaten und Suppen.

Küchentipp: Da Dill nur frisch und ungegart seinen Geschmack entfaltet, immer erst kurz vor dem Servieren untermischen. Dickere Stängel können mitgegart werden. Die Blütendolden dienen zum Einlegen von Essiggurken oder zum Aromatisieren von Essig. Die kleinen Dillblüten zieren Salate. Getrockneter Dill ist weniger aromatisch, daher großzügig verwenden und beim Zugeben möglichst zwischen den Fingern zerreiben.

Lagerung: Frischer Dill ist in einer Plastiktüte im Kühlschrank einige Tage haltbar. Zum Einfrieren den frischen Dill fein hacken und mit wenig Wasser in einer Eiswürfelschale einfrieren. Zum Trocknen lockere Sträuße in einem gut belüfteten Raum aufhängen, dann kühl und dunkel aufbewahren.

Schuhbecks Rezepte: Seiten 65, 98, 103, 112

ESTRAGON

Herkunft: Estragon war bereits in der Antike ein beliebtes Kraut und wurde als Mittel gegen die Bisse wilder Tiere oder Schlangen unter der Kleidung getragen. Europa eroberte das würzige Kraut von Südrussland aus. Vorwiegend wird Estragon in Italien und Frankreich angebaut, wo er vielen Gerichten ihren unverwechselbaren Geschmack verleiht.

Aroma: Estragon besitzt ein feuriges, herb-bitteres und anisähnliches Aroma, das sehr intensiv ist und andere Gewürze leicht überdeckt.

Gesundheitliche Wirkung: Aufgrund des hohen Gehalts an ätherischen Ölen regt Estragon den Appetit und die Magensekretion an und wirkt somit verdauungsstimulierend.

Saison: Estragon kann ab Mitte Juni geerntet werden, dann sind die Blätter am würzigsten. Das gilt für den robusten russischen Estragon ebenso wie für den aromatischen französischen.

Verwendung: Estragon bzw. Estragonessig gehört traditionell in die Sauce béarnaise, tartare und hollandaise. Er schmeckt außerdem in Salaten, Kräuterbutter und Kräuterquark, in Kalbs- und Geflügelragouts sowie in Fischgerichten – und zu Omeletts!

Küchentipp: Da dieses Küchenkraut leicht andere Gewürze dominiert und sein intensives Aroma erst beim Kochen entwickelt, sollte es stets sparsam dosiert werden.

Lagerung: Estragon ist zum Trocknen ungeeignet, da die Würzkraft dabei deutlich nachlässt. Am besten frisch verwenden oder auch einfrieren. Als Alternative zu getrocknetem Estragon kann man auch Estragonbutter herstellen und in kleinen Portionen einfrieren.

Schuhbecks Rezepte: Seiten 52, 99, 106

KLEINES KRÄUTER-LEXIKON

KERBEL

Herkunft: Kerbel ist ein Frühjahrs-kraut, in den verschiedensten Regionen Deutschlands war er das Grün der Fastenzeit. Am bekanntesten ist heute noch die Kerbel-suppe, die traditionell am Gründonnerstag gekocht wird. Ursprünglich in Südeuropa beheimatet wird Kerbel heute fast überall in Europa, Asien und den USA angebaut.

Aroma: Kerbel besitzt ein feines, würzig-süßliches Aroma, das an Anis oder Fenchel erinnert.

Gesundheitliche Wirkung: Kerbel mobilisiert den Stoffwechsel, wirkt zudem blutreinigend und wasser-treibend und somit entschlackend.

Saison: Das Kraut kann von Mai bis November geern-tet werden, am besten vor der Blüte, wenn die Zweige etwa zehn Zentimeter hoch sind. Dann ist seine Würz-kraft am stärksten.

Verwendung: Die frischen Blätter verfeinern Kräuter-saucen und -suppen, Eier-, Geflügel- und Kalbfleisch-gerichte, Kräuterquark und -butter. Auch die geschlos-senen Blütendolden lassen sich verwenden – sie passen hervorragend zu Möhren, Wirsing, Schmor-gurken, Kartoffeln, Gemüsebrühe und Fischfond.

Küchentipp: Kerbel ist sehr hitzeempfindlich und sollte daher erst kurz vor dem Servieren zugegeben bzw. über die Suppe gestreut werden.

Lagerung: Zum Trocknen eignet sich Kerbel nicht, da sein Aroma dann an Heu erinnert. Am besten nur frisch verwenden oder die frischen, gewaschenen Blätter pürieren und mit etwas Wasser in der Eiswür-felschale einfrieren.

Schuhbecks Rezepte: Seiten 47, 94, 112, 121

KORIANDER

Herkunft: Koriandergrün, in Süd-amerika »cilantro« genannt, ist seit Jahrtausenden im Ori-ent sehr beliebt, bei uns dagegen erst seit einigen Jahren als Küchenkraut bekannt. In der mexikani-schen, vietnamesischen und thailändischen Küche wird Korian-der wie Petersilie verwendet, daher auch der Name »Arabische« oder »Chinesische Petersilie«.

Aroma: Korianderblätter schmecken kräftig und wür-zig, sie erinnern ein wenig an Anis.

Gesundheitliche Wirkung: Das ätherische Korianderöl fördert den Appetit, lindert Verdauungsstörungen und wirkt beruhigend.

Saison: Die frischen Blattspitzen des Korianders wer-den am besten vor der Blüte im Juni geerntet.

Verwendung: Unentbehrlich in der südamerikanischen Guacamole, einer dicken Sauce aus Avocado und Tomaten. Sorgt für eine exotische Note auf dem Teller, passt gut zu pfannengerührtem Gemüse, zu Fisch oder Fleisch aus dem Wok, zu Salaten und Suppen, Currys, frischen Chutneys und Relishes.

Küchentipp: Korianderblätter sind hitzeempfindlich und sollten deshalb erst am Ende der Garzeit zuge-geben werden. Da das Kraut andere Gewürze leicht dominiert, möglichst vorsichtig dosieren. Je feiner und sauberer man Koriandergrün schneidet, umso würziger riecht und schmeckt es. Noch intensiver als die Blät-ter schmecken die Korianderwurzeln, gerieben oder gehackt.

Lagerung: Koriandergrün eignet sich nicht zum Trock-nen, kann aber eingefroren werden. Um es einige Tage aufzubewahren, in Wasser stellen oder in feuchtes Küchenpapier eingeschlagen im Kühlschrank lagern.

Schuhbecks Rezept: Seite 61

Liebstöckel

Herkunft: Liebstöckel gilt als typisch deutsches Würzkraut und findet sich in vielen hiesigen Kräutergärten. Die bis zu zwei Meter hohe Staude wird aber auch in Südeuropa, im Iran, in Westasien und in Amerika kultiviert.

Aroma: Liebstöckel hat einen ausgeprägten bittersüßen Geschmack, der ein wenig an Sellerie und »Maggi« erinnert.

Gesundheitliche Wirkung: Das ätherische Öl von Liebstöckel wirkt harn- bzw. wassertreibend und wird daher in der Volksmedizin als hilfreich gegen Nieren- und Blasenleiden, Gicht und Rheuma angesehen. Aber da müssen schon ordentliche Mengen verwendet werden!

Saison: Erntezeit für Liebstöckel ist von Mai bis Ende Oktober.

Verwendung: Unentbehrlich ist Liebstöckel in einer guten Rindssuppe! Kleine, frische Liebstöckelblätter eignen sich roh für Salate, Kräuterbutter, -quark und -saucen. Die größeren Blätter und Stängel werden in Fonds und Eintöpfen sowie in Schmor- und Fleischgerichten mitgekocht. Liebstöckelblätter gibt es auch kandiert zum Garnieren.

Küchentipp: Frische Liebstöckelblätter besitzen ein starkes Aroma, deshalb nur sparsam verwenden.

Lagerung: Frische Blätter können in einer Plastiktüte im Kühlschrank einige Tage lang aufbewahrt werden. Zum Trocknen an einem dunklen, luftigen und trockenen Ort aufhängen, danach luftdicht, kühl und dunkel lagern. Einzeln und unzerteilt lassen sich die frischen Blätter auch einfrieren.

Schuhbecks Rezepte: Seiten 48 und 70

Majoran und Oregano

Herkunft: Majoran und Oregano sind botanisch eng miteinander verwandt, Oregano heißt daher auch im Volksmund »wilder Majoran«. Beide wachsen im gesamten Mittelmeerraum, in Süddeutschland, Österreich und in der Schweiz.

Aroma: Majoran besitzt ein intensives, aber mildes Aroma – leicht pfeffrig und würzig-bitter, mit einem Hauch von Kampfer. Oregano schmeckt etwas herber, leicht pfeffrig, aber nicht ganz so würzig wie Majoran.

Gesundheitliche Wirkung: Majoran und Oregano besitzen ätherische Öle sowie Gerb- und Bitterstoffe, die den Fettabbau unterstützen, den Appetit anregen und beruhigend auf gereizte Magenschleimhäute wirken.

Saison: Majoran kann man vor der Blüte im Juni ernten. Oregano kann ab April geerntet werden, schmeckt aber vor der Blüte im Juli am intensivsten.

Verwendung: Majoran ist der ideale Begleiter für schwere Gänse-, Hammel- und Schweinebraten, Wild und Innereien. Oregano gilt dagegen als das Gewürz der italienischen Küche und wird getrocknet über Pizzen, Tomatensaucen und Grillmarinaden gestreut. Frisch schmeckt Oregano fein geschnitten in Salaten.

Küchentipp: Die Majoranblätter sollten sich fest und saftig anfühlen, silbergraue Blättchen deuten auf schlechte Qualität hin. Getrocknete Oreganoblättchen schmecken würziger.

Lagerung: Frischen Majoran und Oregano am besten in einer Plastikfolie im Kühlschrank aufbewahren. Majoran eignet sich gut zum Trocknen, danach fest verschlossen, kühl und dunkel lagern.

Schuhbecks Rezepte: Seiten 64, 79, 115

KLEINES KRÄUTER-LEXIKON

PETERSILIE

Herkunft: Heute gilt Petersilie als das Standardkraut der deutschen Küche. Mit diesem ganzjährigen Küchenkraut werden aber in allen gemäßigten Zonen der Erde Gerichte gewürzt und dekoriert. Angebaut wird glatte und krause Petersilie beispielsweise in Russland, in Indien und in Nordamerika.

Aroma: Petersilie besitzt einen frischen, etwas süßlichen Duft und einen würzigen, leicht scharfen Geschmack. Beides ist bei der glatten Sorte etwas stärker ausgeprägt als bei der krausen.

Gesundheitliche Wirkung: Petersilie ist eine Vitamin- und Mineralstoffbombe und verbessert den Gesundheitswert aller Gerichte, über die sie gestreut wird. Ihre leuchtende Farbe und ihr würziges Aroma wirken sehr appetitanregend.

Saison: Ganzjährig erhältlich. Freilandernte von Juni bis Oktober.

Verwendung: Petersilie passt zu fast allem: zu Suppen und Eintöpfen, Saucen, Gemüsen, Salaten, Pilzen, Fleisch-, Fisch- und Eiergerichten, zu Reis, Nudeln und Kartoffelpüree. Ein besonderer Genuss sind in Weinteig frittierte Petersilienzweige!

Küchentipp: Petersilie schmeckt frisch am besten und hält sich auch relativ lange. Beim Einkaufen bitte beachten: Erstklassige Petersilie besitzt leuchtend grüne Blätter und riecht würzig – allerdings nur im Sommer, wenn sie genügend Sonne bekommen hat.

Lagerung: Am besten frische Petersilie in einem mit Wasser ausgespülten Plastikbeutel locker verschlossen im Kühlschrank lagern. Petersilie verliert sowohl beim Trocknen als auch beim Einfrieren sehr viel Aroma.

Schuhbecks Rezepte: Seiten 44, 99, 103, 112, 121

PFEFFERMINZE

Herkunft: In der Minzfamilie gibt es über zwanzig Verwandte. In hiesigen Breiten sind vor allem die Pfefferminze und die Grüne Minze bekannt und beliebt. Angebaut werden sie nicht nur im gesamten Mittelmeerraum, sondern auch in Nordeuropa und -amerika.

Aroma: Alle Minzsorten riechen sehr aromatisch und schmecken leicht brennend. Mentholhaltige Sorten entwickeln ein erfrischendes Kältegefühl im Mund.

Gesundheitliche Wirkung: Das ätherische Pfefferminzöl hilft bei Erkältungskrankheiten und wirkt außerdem anregend auf den Gallenfluss und beruhigend auf Magen und Darm.

Saison: Frische Pfefferminze kann man von Juni bis Oktober ernten, das beste Aroma hat sie vor der Blüte im Juli.

Verwendung: Minze wird bei uns weniger zum Kochen verwendet als vielmehr zum Parfümieren und Dekorieren von Süßspeisen und exotischen Drinks. Fein geschnitten gibt sie vielen Gerichten der orientalischen Küche ihre unverwechselbare Note. Das erfrischende Kraut passt auch hervorragend zu Obstsalat, Grützen und Kaltschalen sowie zu Joghurt und Milchprodukten.

Küchentipp: Minze schmeckt am aromatischsten in Verbindung mit Süßem – ähnlich wie Vanille.

Lagerung: Frische Blätter können in einer Plastiktüte im Kühlschrank einige Tage gelagert werden. Auch getrocknete Pfefferminzblätter besitzen noch ein starkes Aroma und werden meist für Tee verwendet.

Schuhbecks Rezepte: Seiten 124 und 128

Rosmarin

Herkunft: Rosmarin, übersetzt »Meertau«, ist seit der Antike ein Symbol der Liebe. Auch heute noch wird dieses nadelige Kraut in Süddeutschland in Brautsträuße geflochten. Die Heimat des Rosmarins sind die Mittelmeerländer, in hiesigen Breiten wächst er auch in Blumentöpfen.

Aroma: Rosmarin besitzt einen leicht bitteren, harzigen Geschmack und einen würzigen Duft, der an Kampfer, Weihrauch und Nadelholz erinnert.

Gesundheitliche Wirkung: Durch die in ihm enthaltenen ätherischen Öle, Harze, Gerbstoffe, Flavonoide, Bitterstoffe und Pflanzensäuren regt Rosmarin den ganzen Kreislauf an.

Saison: Junge Rosmarintriebe und -blättchen kann man von April bis Oktober ernten.

Verwendung: In der Mittelmeerküche schmeckt Rosmarin zu Bratkartoffeln, kräftigen Gemüsegerichten, Grillmarinaden, Kalb, Geflügel und Lamm, besonders wenn Letztere mit Wein, Olivenöl und Knoblauch zubereitet sind. In nördlicheren Gegenden kennt man Rosmarin auch in Wurst und zu Wild oder in Marmeladen, Gelees (Apfel) und Bowlen.

Küchentipp: Je nach Belieben wird Rosmarin als ganzer Zweig, in einzelnen Nadeln, fein gehackt oder zerrieben mitgekocht. Möglichst immer sparsam dosieren, da Rosmarin ein sehr durchdringendes Aroma besitzt. Wurden die Rosmarinnadeln abgestreift, lassen sich auf den Stielen Gemüse- und Fleischwürfel zum Grillen und Braten aufspießen.

Lagerung: Frische Rosmarinzweige halten sich in einer Plastiktüte im Kühlschrank einige Tage. Zum Trocknen an einem warmen, trockenen Platz aufhängen, danach luftdicht, kühl und trocken aufbewahren.

Schuhbecks Rezepte: Seiten 83, 106, 114

Salbei

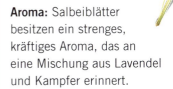

Herkunft: Salbei ist eines der ältesten Heil- und Würzkräuter. Ursprünglich aus dem Mittelmeerraum stammend ist Salbei heute in ganz Europa verbreitet. Leider wird er bei uns nur selten verwendet, vielleicht wegen seines bitteren Geschmacks.

Aroma: Salbeiblätter besitzen ein strenges, kräftiges Aroma, das an eine Mischung aus Lavendel und Kampfer erinnert.

Gesundheitliche Wirkung: Salbei enthält ätherisches Öl, Gerb- und Bitterstoffe und Flavonoide. Besonders geschätzt wird Salbei wegen seiner entzündungshemmenden Wirkung im Rachenraum. Außerdem regt er den gesamten Stoffwechsel und die Fettverdauung an.

Saison: Die Haupterntezeit ist vor der Blüte im Mai und Juni.

Verwendung: Salbei ist in der Küche vielseitig einsetzbar: Er verfeinert Suppen, Eintöpfe, Gemüse- und Nudelgerichte, Bratensaucen, Kalbsleber und -schnitzel (Saltimbocca), Geflügel-, Fisch- und Lammgerichte. Auch Quark und Weichkäse können sehr gut mit Salbei gewürzt werden.

Küchentipp: Getrockneter Salbei sollte nur sparsam verwendet werden, da er leicht andere Gewürze überdeckt. Das Aroma entwickelt sich am besten, wenn Salbei vorher in Butter angebraten oder mitgekocht wird. Salbeiblüten eignen sich zur Dekoration.

Lagerung: Frischen Salbei in einer Plastiktüte im Kühlschrank lagern. Der Geschmack bleibt besser erhalten, wenn man die Blätter einfriert statt trocknet.

Schuhbecks Rezepte: Seiten 81, 84, 103, 110, 112

KLEINES KRÄUTER-LEXIKON

SAUERAMPFER

Herkunft: Der Sauerampfer ist schon lange Zeit in ganz Europa verbreitet, wo er meist wild auf feuchten Wiesen, an Feldwegen und Bachrändern wächst.

Aroma: Der saure Geschmack des Sauerampfers zeigt sich schon in seinem Namen. Besonders die jungen Blätter schmecken erfrischend säuerlich und saftig.

Gesundheitliche Wirkung: Sauerampfer ist reich an Kalzium, Eisen, Vitamin A und C und wirkt blutreinigend und abwehrstärkend. Da wilder Wiesensauerampfer viel Oxalsäure enthält, sollten ihn Nieren-, Herz- und Rheumakranke meiden.

Saison: Zwischen April und November kann man Sauerampfer immer wieder ernten. Am besten pflückt man nur zarte, junge Blätter.

Verwendung: Frischen Sauerampfer kann man gut pur als Salat zubereiten. Außerdem verfeinert er Suppen und Saucen. Er passt zu Fisch- und Eiergerichten, zu Gemüse, Quark und Joghurt.

Küchentipp: Frische Blätter lassen sich wie Spinat zubereiten, größere Blätter mit einer Farce füllen und schmoren. Nie zu lange kochen! Das Aroma entfaltet sich am besten, wenn die klein geschnittenen Blätter kurz in Öl geschmort werden.

Lagerung: In einer feuchten Plastiktüte hält sich Sauerampfer einige Tage im Kühlschrank. Er eignet sich nicht zum Trocknen; zur längeren Aufbewahrung kann man ihn jedoch gut einfrieren.

Schuhbecks Rezept: Seite 58

SCHNITTLAUCH

Herkunft: Schnittlauch ist ein uraltes Kraut, das schon seit Jahrtausenden weltweit bekannt ist. Er ist eng mit Knoblauch, Zwiebel und Lauch verwandt und gehört heute zu den typischen Kräutern der deutschen Küche. Doch auch in Amerika und Asien wird Schnittlauch gern verwendet.

Aroma: Schnittlauch riecht leicht nach Zwiebeln, schmeckt allerdings wesentlich milder.

Gesundheitliche Wirkung: Schnittlauch besitzt besonders viel Vitamin C und regt mit seiner leichten Schärfe Appetit und Verdauung an.

Saison: Schnittlauch ist ganzjährig erhältlich. Vor der Blüte im Juli sind Schnittlauchstängel am saftigsten.

Verwendung: Schnittlauch schmeckt eigentlich zu allem, außer zu Süßspeisen. Fein geschnitten und unbedingt roh wird er über Suppen, Salate, Quark, Kartoffeln, Saucen, klare Fleischbrühe oder auf Butterbrote gestreut.

Küchentipp: Möglichst Schnittlauch nicht hacken oder mahlen, sondern mit einer Schere oder einem scharfen Messer in Röllchen schneiden. Danach gleich weiterverarbeiten, weil sich sonst ein penetranter Geruch entwickelt. Nicht mitkochen, sondern kurz vor dem Servieren dazugeben. Mit Schnittlauchblüten kann man beispielsweise Salate dekorieren.

Lagerung: Frischen Schnittlauch am besten nicht ins Wasserglas stellen, sondern in einer Plastiktüte fest verschlossen im Kühlschrank lagern. Das Trocknen kann nicht empfohlen werden, jedoch das Einfrieren.

Schuhbecks Rezepte: Seiten 45, 48, 50, 67

Thymian

Herkunft: Schon Ägypter, Griechen und Römer schätzten Thymian als Gewürz- und Arzneipflanze. Benediktinermönche brachten ihn über die Alpen zu uns. Thymian wuchs einst wild in den Macchien Südeuropas und wird heute in Europa, Amerika und Nordafrika vorwiegend als Arzneipflanze angebaut.

Aroma: Thymian duftet würzig und besitzt einen angenehmen balsamisch-bitteren Geschmack.

Gesundheitliche Wirkung: Durch Gerbstoffe, Flavonoide und das ätherische Öl Thymol wirkt Thymian desinfizierend und schleimlösend und hilft daher bei allen Entzündungen der Atemwege.

Saison: Frischen Thymian erntet man von Mai bis November.

Verwendung: Thymian passt zu schweren Gerichten, weil er die Fettverdauung unterstützt. Braten, Eintöpfe, Bratkartoffeln, Rühreier mit Speck, fette Wurst und Käse, aber auch Eintöpfe, Suppen, Gemüse, Tomatensaucen, Füllungen und ganz besonders Brote können mit Thymian verfeinert werden.

Küchentipp: Getrockneter Thymian besitzt eine stärkere Würzkraft als frischer und entfaltet sein volles Aroma erst beim Kochen. Die zartrosa Thymianblüten können als Garnierung verwendet werden.

Lagerung: Am besten den frischen Thymian in einer Plastiktüte im Kühlschrank lagern oder die zerkleinerten Blätter in einer Eiswürfelschale einfrieren. Möglichst ganze Zweige trocknen, die Blättchen dann mit der Gabel abstreifen, kühl, dunkel und luftdicht aufbewahren.

Schuhbecks Rezepte: Seiten 83, 99, 105, 114, 115

Waldmeister

Herkunft: Waldmeister heißt auch »Maikraut« oder »Herzfreude« und wächst wild in schattigen Mischwäldern in Mittel- und Nordeuropa, vor allem unter Buchen.

Aroma: Der Geschmack von Waldmeister ist ausgeprägt würzig-bitter. Sein typisch aromatischer Parfumduft entwickelt sich erst beim Trocknen.

Gesundheitliche Wirkung: Waldmeister enthält den beruhigenden Inhaltsstoff Kumarin, der allerdings in größeren Mengen giftig ist und Kopfschmerzen verursachen kann: Maximal 3 Gramm Waldmeisterkraut pro 1 Liter Flüssigkeit nehmen!

Saison: Frischen Waldmeister kann man im Mai und Juni pflücken. Wenn er blüht, sollte man ihn nicht mehr verwenden!

Verwendung: Waldmeister kennt man in erster Linie aus der Maibowle oder vom Waldmeister-Wackelpudding. Er entwickelt sein Aroma am besten in Verbindung mit Zucker.

Küchentipp: Da Waldmeister sehr aromatisch ist, möglichst nicht mit anderen Kräutern mischen.

Lagerung: Waldmeister kann frisch geerntet sehr gut eingefroren werden. Dazu in Alu- oder Plastikschalen legen und anschließend wie frisches Kraut verwenden. Beim Trocknen die Blätter öfter wenden, niemals der Sonne oder zu hellem Licht aussetzen, damit sie nicht ihre appetitliche Farbe verlieren.

Schuhbecks Rezept: Seite 129

GEWÜRZE VON A – Z

ANIS

Herkunft: Der Anissamen ist eines der ältesten Gewürze und wurde schon in der Antike von Ägyptern, Griechen und Römern als Gewürz- und Heilmittel verwendet. Heute gedeiht die Anispflanze rund ums Mittelmeer und wird vor allem in Spanien, Italien, Russland, Frankreich, Deutschland, Indien und in der Türkei kultiviert.

Aroma: Anissamen besitzen ein süßlich-herbes Aroma, das leicht an Lakritze erinnert und schnell verfliegt.

Gesundheitliche Wirkung: Das in Anis enthaltene ätherische Öl beruhigt, wirkt schleimlösend und entkrampft Magen und Darm, weshalb Anis sich in Kinder- und Hustentees bewährt.

Ernte: Die reifen Dolden, in denen sich die Früchte befinden, werden im Sommer geerntet.

Verwendung: Bekannt ist Anis als Gewürz in Gebäck und Alkoholika. Er passt auch sehr gut zu Brot, Kuchen, Süßspeisen, Salaten, Gemüse, Currys und Chutneys sowie zu Fleisch- und Fischgerichten.

Küchentipp: In der Regel werden Anissamen ganz oder gemahlen verwendet. Am besten ist das Aroma, wenn Anis bei Bedarf im Mörser zerstoßen wird. Die frischen Blättchen der Anispflanze schmecken auch sehr gut im Salat.

Lagerung: Die Anissamen am besten ungemahlen, fest verschlossen, kühl und dunkel aufbewahren.

Schuhbecks Rezept: Seite 70

CAYENNE-PFEFFER

Herkunft: Cayennepfeffer besteht aus fein gemahlenen und getrockneten Chilischoten. Er stammt aus Südamerika und wurde einst von Kolumbus nach Europa gebracht. Heute wird er vorwiegend in Indien, China und Mexiko hergestellt, findet aber in allen Küchen der Welt Verwendung.

Aroma: Cayenne ist die reinste Form scharfer Chilisorten und schmeckt dementsprechend äußerst scharf.

Gesundheitliche Wirkung: Da Cayennepfeffer aus Chilis hergestellt wird, enthält er viel scharfes Capsaicin, das den Speichelfluss und die Fließfähigkeit des Blutes anregt.

Ernte: Die Chiliernte dauert etwa drei Monate, dann werden die Schoten in der Sonne getrocknet.

Verwendung: Cayennepfeffer passt zu allem, was scharf sein soll: Er würzt Chili con carne, Fleisch, Fisch, vielerlei Saucen und Dips, Gemüse, Suppen (kalt und heiß) sowie Eintöpfe, in Südamerika auch Obstsalat.

Küchentipp: Bitte zur Vorsicht beachten: Schon kleinste Mengen brennen in Mund und Augen, daher sollte man sofort nach dem Würzen die Finger abwaschen. Gegen allzu große Schärfe im Mund hilft nur, Reis oder Brot zu essen, Trinken dagegen verstärkt die Schärfe.

Lagerung: Cayennepfeffer möglichst luftdicht verschlossen, kühl und dunkel lagern.

Schuhbecks Rezept: Seite 61

Fenchel

Herkunft: Fenchel wurde schon von den Römern geschätzt. Heute wächst Fenchel in vielen Ländern mit gemäßigtem Klima wie Deutschland, Italien, Frankreich, Russland, dem gesamten Mittleren Osten und auch in Indien.

Aroma: Fenchelsamen riechen wie Anis, schmecken süß-würzig und zartbitter mit einem Hauch Kampfer.

Gesundheitliche Wirkung: Fenchel lindert Magenbeschwerden, Atemnot und Zahnschmerzen und fördert die Verdauung. In der Kinderheilkunde ist Fencheltee ein bewährtes Mittel bei Blähungen.

Ernte: Botanisch gesehen sind Fenchelsamen die Früchte, die aus den Blütendolden des Gewürzfenchels entstehen. Sie werden kurz vor der Reife geerntet und getrocknet.

Verwendung: Fenchel kann sehr vielfältig eingesetzt werden: zu Fleisch- und Fischgerichten, zusammen mit Kohl, Kartoffeln, eingemachten Früchten und Gurken. Auch Brot und Brötchen bekommen durch Fenchel eine interessante Note. In vielen Länderküchen finden sich typische Gerichte, die mit Fenchel gewürzt werden: etwa indische Currys, englische Apfelpastete oder italienische Salami.

Küchentipp: Inder rösten die getrockneten Fenchelsamen vor der Verwendung an. Man kann auch Fenchelsamen keimen lassen und die Sprossen als Würzzutat in grünen Salat geben.

Lagerung: Die Fenchelsamen immer in einem fest verschließbaren Gefäß kühl und dunkel aufbewahren.

Schuhbecks Rezept: Seite 78

Ingwer

Herkunft: Ingwer ist botanisch mit Kardamom und Kurkuma verwandt. In Asien werden Ingwerwurzeln schon seit Jahrtausenden kultiviert. Im Mittelalter war Ingwer in ganz Europa ein Tischgewürz wie Salz und Pfeffer. Ingwer wächst fast überall in den Tropen.

Aroma: Ingwerknollen duften nach Holz, schmecken dabei aber scharf und fruchtig.

Gesundheitliche Wirkung: Ingwer wirkt aktivierend auf Appetit und Verdauung, desinfiziert Magen und Darm, belebt den gesamten Blutkreislauf und hilft gegen Reisekrankheit.

Ernte: Werden Ingwerknollen etwa sechs Monate nach dem Pflanzen ausgegraben, sind sie noch zart.

Verwendung: Ingwer hat seinen festen Platz in der asiatischen Küche: frisch geraspelt in Kompotten, Kuchen und Currysaucen, kandiert für Desserts und Gebäck, als Einmachgewürz für Früchte, Kürbisse, Gurken, Suppen, Saucen, Geflügel, Wild und Reis. Bei uns wird Ingwer für Gebäck, Ginger Ale und Glühwein verwendet. Er passt auch zu Meeresfrüchten.

Küchentipp: Ingwerknolle auseinander brechen, die gelbe Haut abschälen, in Stifte schneiden oder reiben. Ingwerpulver besitzt ein wesentlich schwächeres Aroma und bietet sich für Kuchen und Gebäck an – vorsichtig dosieren!

Lagerung: Luftdicht verpackt halten sich Ingwerknollen mehrere Wochen im Kühlschrank. In Essig eingelegten Ingwer in der Originalverpackung im Kühlschrank lagern.

Schuhbecks Rezepte: Seiten 43, 62, 80, 132

KAPERN

Herkunft: Die wild wachsenden Kapern gibt es schon seit Jahrtausenden. Im Altertum wurden sie als Heilmittel bei Milzerkrankungen geschätzt. Heute wachsen sie in Südeuropa, Arabien und Nordafrika.

Aroma: Kapern schmecken eigenwillig herb und würzig, durch das Einlegen in Essig nicht selten ein wenig säuerlich.

Gesundheitliche Wirkung: Kapern wirken appetitanregend und verdauungsfördernd.

Ernte: Kapern werden als fest geschlossene Knospen in unterschiedlichen Größen geerntet. Bevor man sie in Essig oder Öl einlegt, lässt man sie einen Tag welken. Als Faustregel gilt: je kleiner die Kapern, umso besser ihre Qualität.

Verwendung: Es gibt zahlreiche berühmte Rezepte mit Kapern, die Klassiker sind sicherlich Königsberger Klopse und Vitello tonnato. Außerdem kann man Quark, Kräuterbutter, Tatar, kalte Saucen, Hühnerragout, Käsesalate und Eierspeisen mit Kapern würzen. Große, eingelegte Kapern eignen sich sehr gut als Vorspeise.

Küchentipp: Kapern schmecken kalt und warm, dürfen aber nicht zu lange gekocht werden, da sie sonst aufweichen und viel von ihrem Aroma verlieren.

Lagerung: Kapern sind nur in Essiglake, Salz oder Öl eingelegt erhältlich, da sich nur so ihr typisches Aroma entwickelt. Die gesalzenen Kapern behalten am besten ihr Aroma. Im Kühlschrank immer von Lake, Salz oder Öl bedeckt lagern.

Schuhbecks Rezepte: Seiten 46 und 97

KARDAMOM

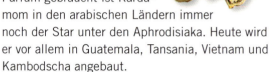

Herkunft: Kardamom ist eines der ältesten und meistgeschätzten Gewürze der Welt, nach Safran und Vanille auch das drittteuerste. In der Antike bereits für Parfum gebraucht ist Kardamom in den arabischen Ländern immer noch der Star unter den Aphrodisiaka. Heute wird er vor allem in Guatemala, Tansania, Vietnam und Kambodscha angebaut.

Aroma: Kardamom besitzt ein kräftiges, würzig-bitteres Aroma, das an Zitronen, Kampfer und Eukalyptus erinnert. Nach dem Kauen entwickelt sich ein warmer Geschmack im Mund.

Gesundheitliche Wirkung: Kardamom regt Verdauung und Kreislauf an. Das Kauen von Kardamomsamen erfrischt den Atem.

Ernte: Die Früchte reifen gestaffelt von September bis Dezember. Kurz vor der Reife werden sie geerntet und dann in der Sonne getrocknet.

Verwendung: Kardamom passt zu süßen und pikanten Speisen, also zu Weihnachtsplätzchen, Stollen, Obstsalat und Kompott, Schoko- oder Mokkadesserts, aber auch zu Currys und vielerlei exotischen Gerichten. 90 Prozent der Welternte werden im Vorderen Orient allerdings mit dem Kaffee getrunken.

Küchentipp: Kardamom am besten erst kurz vor dem Verwenden aus der Kapsel lösen und zerstoßen oder bei schwacher Hitze kurz anrösten. Kardamom würzt sehr intensiv, deshalb sparsam dosieren!

Lagerung: Werden die Kardamomkapseln luftdicht, kühl und trocken gelagert, sind sie etwa ein Jahr lang haltbar.

Schuhbecks Rezepte: Seiten 102 und 126

KNOBLAUCH

Herkunft: Knoblauch ist eine der ältesten Kulturpflanzen und war schon bei den Ägyptern bekannt und beliebt. Er wird heute weltweit kultiviert, vor allem auf dem Balkan, in Spanien und in Kalifornien.

Aroma: Knoblauch besitzt ein scharf-beißendes zwiebelähnliches Aroma. Der Geruch ist unverkennbar und hält sich bis zu zwanzig Stunden!

Gesundheitliche Wirkung: Knoblauch ist reich an Vitamin A, B und C sowie an antibakteriell wirkenden Stoffen und wird heute wegen seiner positiven Wirkung auf Blutfettwerte und -gefäße gepriesen. Außerdem fördert er die Verdauung.

Ernte: Die Ernte geht von Sommer bis Herbst. Im Herbst geerntete Knollen sind länger haltbar, die frischen Kleinen vom Frühjahr dafür aromatischer.

Verwendung: Knoblauch schmeckt als im Ganzen gegarte Knolle und durchgepresst als Gewürz für Salate, Saucen, Suppen, Gemüse- und Eintopfgerichte, Pasta, Fleisch (vor allem Lamm) und Fisch.

Küchentipp: Graue, gelbe oder angetrocknete Zehen besitzen meist kein Aroma mehr, grüne Triebe weisen auf einen stechenden Geschmack hin. Beim Schmoren wird das Aroma sanfter und bekömmlicher. Gegen aggressiven Knoblauchatem hilft angeblich das Kauen frischer Petersilie oder einer gerösteten Kaffeebohne. Viele schwören auch auf ein Glas Milch oder Rotwein, um sich vor den unliebsamen Folgen des Knoblauchs zu schützen.

Lagerung: Knoblauchknollen am besten kühl, trocken und dunkel an einem luftigen Platz aufbewahren, so halten sie mehrere Wochen. Auf keinen Fall in den Kühl- oder Gefrierschrank legen!

Schuhbecks Rezepte: Seiten 63 und 89

KORIANDER-SAMEN

Herkunft: Koriander stammt aus dem Mittelmeerraum. Die Samen wurden bereits in ägyptischen Pharaonengräbern gefunden, die Römer verbreiteten das Gewürz schließlich in ganz Europa. Heute wird Koriander vor allem in Russland, Indien, Mittel- und Südamerika, im Iran und im Mittleren Osten angebaut, wo Kraut und Gewürz allgemein äußerst beliebt sind.

Aroma: Koriandersamen schmecken von süß-würzig und beißend bis würzig-scharf und erinnern ein wenig an Orangenschalen.

Gesundheitliche Wirkung: Koriandersamen unterstützen die Verdauung und haben eine lindernde Wirkung bei Migräne.

Ernte: Korianderkörner sind die Früchte der Korianderpflanze und werden nach der Reife abgelesen und getrocknet.

Verwendung: Koriander kennt man im Allgemeinen als Brotgewürz. Er passt aber auch sehr gut zu Suppen, Saucen, Fisch und Schalentieren und verfeinert Chutneys und marinierte Früchte sowie Hackfleisch-, Geflügel- und Gemüsegerichte.

Küchentipp: Koriandersamen am besten erst unmittelbar vor dem Verwenden mahlen. Besonders fein: die Samen vorher kurz (auch in Fett) anrösten. Fertig gekauftes Korianderpulver weist bei weitem kein so gutes Aroma auf wie selbst gemahlenes.

Lagerung: Koriandersamen im Ganzen oder gemahlen luftdicht, kühl und dunkel aufbewahren. Nicht zu lange lagern!

Schuhbecks Rezepte: Seiten 42, 96, 117, 118

KLEINES GEWÜRZ-LEXIKON

KREUZKÜMMEL

Herkunft: Kreuzkümmel, in Frankreich »cumin des prés« genannt, stammt ursprünglich aus dem Orient und ist heute vor allem in Indien, Nordafrika, dem Mittleren Osten, in Mexiko und in Amerika verbreitet. Weltweit wird Kreuzkümmel in allen warmen und gemäßigten Regionen kultiviert.

Aroma: Kreuzkümmel schmeckt ähnlich wie Kümmel, aber etwas brennender und bitterer, mit einer leicht pfeffrigen Note.

Gesundheitliche Wirkung: Kreuzkümmel stärkt den Magen und hilft gegen Verdauungsstörungen, Blähungen und Durchfall.

Ernte: Wenn sich die Samen gelb färben, werden sie von den Stängeln gedroschen und an der Sonne getrocknet.

Verwendung: Kreuzkümmel passt am besten zu Chili con carne, Kuskus, Eintöpfen, Kohl, Auberginen, Pickles und Currys. Er verfeinert aber auch Käsespezialitäten, Wurst und Tomatensaucen.

Küchentipp: Kreuzkümmel kann im Ganzen oder gemahlen verwendet werden. Immer möglichst vorsichtig dosieren, da er andere Gewürze leicht dominiert. Vor allem mit Nelken, Ingwer und Zimt harmoniert Kreuzkümmel jedoch vorzüglich. Frisch gemahlen oder kurz angeröstet entfaltet er sein Aroma am besten.

Lagerung: Kreuzkümmel möglichst luftdicht verschlossen und dunkel aufbewahren.

Schuhbecks Rezepte: Seiten 65 und 88

KÜMMEL

Herkunft: Seit Jahrtausenden ist Kümmel, der zur Familie der Petersilie gehört, in allen gemäßigten Zonen Europas bekannt. Heute wird er vorwiegend in Holland, Deutschland, Polen, Marokko, Skandinavien, Russland, in den USA und in Kanada angebaut. Die Kümmelwurzel ist die so genannte »Pfahlwurzel«.

Aroma: Kümmel besitzt ein leicht süßliches, ein wenig bitteres und an Anis erinnerndes Aroma.

Gesundheitliche Wirkung: Kümmel macht alle schweren Gerichte verdaulicher. Er ist ein bewährtes Hausmittel gegen nervöse Magenbeschwerden, Völlegefühl und Blähungen.

Ernte: Die Kümmelsamen werden nach der Fruchtreife ausgedroschen und getrocknet.

Verwendung: Wer kennt nicht Kümmel an bayerischem Schweinebraten, Kartoffeln oder Quark? Er gibt auch Brot, Gebäck, Suppen, Wurst, Käse und verschiedenen Likören eine raffinierte Note. Außerdem passt er gut zu Möhren, Sellerie und Pastinaken.

Küchentipp: Wenn man Kümmel frisch mit der Gewürzmühle mahlt, kommt sein Aroma am besten zur Geltung. Immer sparsam dosieren, da er einen sehr intensiven Eigengeschmack besitzt. Während Kümmel sich kaum mit anderen Gewürzen verträgt, harmoniert er hervorragend mit Knoblauch und Zwiebeln.

Lagerung: Kümmel immer luftdicht verschlossen und dunkel lagern.

Schuhbecks Rezepte: Seiten 44, 63, 86, 87, 91, 117, 118

Kurkuma

Herkunft: Kurkuma heißt auch »Gelbwurzel« und ist das Gewürzpulver aus den orangefarbenen Wurzelstöcken eines südostasiatischen Ingwergewächses, das heute hauptsächlich in Indien, aber auch im Mittleren Osten, Indonesien, China, Bangladesch, in Südamerika und in der Karibik angebaut wird.

Aroma: Kurkuma besitzt einen leicht bitteren und scharfen Geschmack, der an Orangen und Ingwer erinnert.

Gesundheitliche Wirkung: Kurkuma wirkt mit seinem ätherischen Öl und dem gelben Farbstoff Curcumin auf Gallenblase und Leber und unterstützt damit die Verdauung.

Ernte: Der Wurzelstock wird ausgegraben, danach gesäubert, überbrüht und anschließend getrocknet.

Verwendung: Kurkuma ist ein fester Bestandteil der Currygewürzmischung (siehe Seite 34) und der Worcestersauce und eignet sich hervorragend zum Würzen von Saucen. Kurkuma passt zu Eiern, Salatdressings, Krabben, Muscheln, Schnecken oder Hummer, Pickles, Currys, Chutneys und Gemüse (Blumenkohl und Kartoffeln).

Küchentipp: Meist wird Kurkuma als Pulver angeboten, da sie nur schwer von Hand zu mahlen ist. Am besten in kleinen Mengen und dafür öfter kaufen. Ganze, frische Kurkumaknollen schälen und zerkleinern wie Ingwer. Dabei beachten: Kurkuma färbt sehr intensiv!

Lagerung: Kurkumapulver luftdicht verschlossen, kühl und trocken lagern.

Schuhbecks Rezepte: Seiten 76 und 115

Lorbeer

Herkunft: Besaß Lorbeer im Altertum als immergrüner Kranz für Dichter, Sänger und siegreiche Feldherren eher kultischen Wert, so wird er heute mehr kulinarisch als Würze und als Zierde für den Wintergarten geschätzt. Lorbeer wächst wild und kultiviert im ganzen Mittelmeerraum sowie in Mittel- und in Südamerika.

Aroma: Lorbeerblätter schmecken bitter und leicht würzig, was sich durch das Trocknen noch verstärkt.

Gesundheitliche Wirkung: Die in Lorbeerblättern enthaltenen ätherische Öle und Bitterstoffe regen den Appetit an, helfen zu verdauen, machen viele Speisen bekömmlicher und verschönen sogar die Haut.

Ernte: Die Blätter der immergrünen Lorbeerbüsche werden ganzjährig geerntet und danach getrocknet.

Verwendung: Lorbeer wird traditionell zu Wild, Sauerbraten, Fleisch- und Geflügelbrühen gegeben und verfeinert Fischsud, Marinaden, Blaukraut, Kartoffelsuppen und -eintöpfe sowie eingelegtes Gemüse (Gurken).

Küchentipp: Lorbeerblätter stets sparsam dosieren (ein Blatt für vier Personen) und vor dem Gebrauch zerkleinern. Immer mitkochen lassen, aber nicht zu lange, da sie sonst bitter werden. Qualitativ gute Lorbeerblätter sind auch getrocknet nicht brüchig, sondern biegsam und weisen eine grüne Farbe auf.

Lagerung: Getrocknete Lorbeerblätter trocken, dunkel und kühl aufbewahren. Frische Blätter halten sich einige Tage in einer Plastiktüte im Kühlschrank.

Schuhbecks Rezepte: Seiten 64, 70, 87

KLEINES GEWÜRZ-LEXIKON

MEER-RETTICH

Herkunft: Meerrettich, auch »Kren« oder »Pfefferwurzel« genannt, ist gleichzeitig Gewürz, Gemüse und Heilpflanze. Ursprünglich aus Südost- und Westasien stammend wird er heute auch in Deutschland angebaut und verfeinert so manches süddeutsche und österreichische Gericht.

Aroma: Meerrettich besitzt einen beißend scharfen Geruch und Geschmack.

Gesundheitliche Wirkung: Meerrettich enthält Senföle, viel Vitamin C und Kalzium, regt damit die Schleimhäute an und wirkt durch seine Schärfe antibakteriell und verdauungsfördernd.

Ernte: Von August bis Oktober werden die Wurzeln geerntet.

Verwendung: Klassisch begleitet Meerrettich Tafelspitz oder Räucherlachs und -forelle. Er schmeckt aber auch zu Brotzeitplatten, Würstchen, Wurzelgemüse, Rote-Bete- und Kartoffelsalat, zu Suppen, Saucen und Gegrilltem.

Küchentipp: Von frischen Meerrettichwurzeln immer nur so viel abschälen, wie benötigt wird. Nach dem Reiben sofort verwenden, damit er sich nicht grau verfärbt und sein intensives Aroma verliert. Eventuell mit etwas Zitronensaft vermischen. In warme Gerichte erst kurz vor dem Servieren geben und nicht mitaufkochen.

Lagerung: Frische Meerrettichwurzeln sind im Kühlschrank gewaschen und ungeschält etwa vier Wochen haltbar. Wer sie länger lagern will, kann die Wurzeln ungewaschen und ungeschält in ein Gefäß mit feuchtem Sand stecken oder in Alufolie wickeln und im kühlen Keller aufbewahren. Zum Einfrieren schälen, reiben und in ein fest verschließbares Gefäß geben.

Schuhbecks Rezepte: Seiten 55 und 96

MUSKATNUSS

Herkunft: Ursprünglich war die Muskatnuss auf den Molukken heimisch. Portugiesen, Holländer, Engländer und Franzosen kämpften einst um das Monopol, mit der Nuss und ihrer Blüte (»Macis« genannt) zu handeln. Heute wird sie auf Java, den Antillen, Mauritius und in Ostindien angebaut.

Aroma: Muskatnuss schmeckt aromatisch-süß und leicht scharf, die Muskatblüte leicht bitter.

Gesundheitliche Wirkung: In kleinen Mengen wirkt Muskatnuss anregend bis leicht euphorisierend. Außerdem beruhigt sie Magen und Darm. In größeren Mengen ist sie eher berauschend und sogar Übelkeit erregend.

Ernte: Von der reifen Frucht werden die Blüten entfernt und getrocknet. Unter den Blüten findet sich die Nuss, die nach dem Trocknen aus der Schale herausgelöst wird.

Verwendung: Muskatnuss passt zu Kartoffeln, Fleisch- und Gemüsesuppen, Lebkuchen, Eintöpfen, italienischen Nudelgerichten, Spinat und Blumenkohl, feinen Saucen, Kalbs- oder Geflügelragout. Muskatblüte verfeinert nicht nur Kuchen, Eiercremes und Desserts, sondern auch Soufflés, Saucen, Suppen, Geflügel- und Fischgerichte.

Küchentipp: Muskatnuss am besten frisch gerieben verwenden. Wegen ihres intensiven Aromas stets sparsam dosieren. Immer erst kurz vor Ende der Garzeit dazugeben, da Hitze aromaschädigend wirkt.

Lagerung: Ganze Muskatnüsse trocken und dunkel aufbewahren. Gemahlenes Muskatpulver luftdicht, kühl und dunkel lagern. Für Kinder unerreichbar aufbewahren!

Schuhbecks Rezepte: Seiten 60 und 84

Nelken

Herkunft: Der Name leitet sich von »Nägelein« als Beschreibung der Form ab, die die ungeöffneten Blütenknospen des immergrünen Nelkenbaums auf den Molukken (»Gewürzinseln«) haben. Gewürznelken werden heute in Indonesien, Madagaskar, Tansania, Sri Lanka, Malaysia und Grenada gezüchtet.

Aroma: Gewürznelken riechen würzig, schmecken leicht süßlich mit einem holzig-bitteren Beigeschmack.

Gesundheitliche Wirkung: Nelken enthalten ätherisches Öl, Gerbstoffe und Flavonoide und sind daher antiseptisch und schmerzstillend. Sie wirken beruhigend auf den Magen-Darm-Trakt und helfen bei Blähungen.

Ernte: Zweimal im Jahr werden die ausgewachsenen, noch geschlossenen Knospen des Nelkenbaums gepflückt und danach an der Sonne getrocknet.

Verwendung: Gewürznelken dienen dem Spicken von Rinder- und Schweinebraten, Bratäpfeln und Gewürzzwiebeln. Verwendung finden sie auch in Blau- und Sauerkraut, in Kürbis- und Schmorgerichten sowie in Chutneys. Sie verfeinern Desserts, Kompotte, Glühwein, Punsch, Gewürzkuchen und -brote – und sind in der Weihnachtsbäckerei einfach unentbehrlich.

Küchentipp: Gewürznelken sollte man stets sparsam dosieren (eine Nelke für vier Personen). Immer mitkochen, denn erst dabei entwickeln sie ihr volles Aroma. Frischetest: Beim Quetschen der Nelke muss etwas Öl austreten.

Lagerung: Ganze Gewürznelken sind in fest verschlossenen Glasbehältern lange haltbar.

Schuhbecks Rezepte: Seiten 124 und 133

Paprika

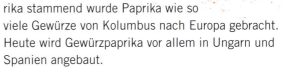

Herkunft: Paprika ist Gewürzpaprika in Pulverform und wird auch Delikatess-, Rosen- oder Edelsüßpaprika genannt. Ursprünglich aus dem tropischen Amerika stammend wurde Paprika wie so viele Gewürze von Kolumbus nach Europa gebracht. Heute wird Gewürzpaprika vor allem in Ungarn und Spanien angebaut.

Aroma: Paprikapulver duftet aromatisch und schmeckt je nach Sorte mild bis extrem scharf.

Gesundheitliche Wirkung: Gewürzpaprika enthält unter anderem Capsaicin, Carotinoide und ätherische Öle. Er wirkt daher durchblutungsfördernd und herzstärkend.

Ernte: Nach der Ernte werden die Paprikaschoten drei bis vier Wochen getrocknet, danach mit oder ohne Samenkerne und Trennhäute vermahlen.

Verwendung: Paprikapulver verfeinert nicht nur Eiergerichte, Fisch, Meeresfrüchte, Suppen, Gulasch und andere Fleischspeisen. Auch gekochte oder gedämpfte Gemüse, Reis und Sahnesaucen kommen mit Paprikapulver gewürzt besonders gut zur Geltung.

Küchentipp: Paprikapulver möglichst nicht in heißes Fett geben, da es dann leicht bitter und braun werden kann. Paprikapulver ist in verschiedenen Schärfegraden im Handel erhältlich: sehr scharf (Rosenpaprika), halbsüß (Gulaschpaprika), edelsüß, sehr mild (Delikatesspaprika), Paprikaflocken scharf oder mild. Ausschlaggebend für die Schärfe ist die jeweilige Menge vermahlener Trennhäute und Kerne, die sehr viel Schärfe enthalten.

Lagerung: Paprikapulver möglichst fest verschlossen, kühl und dunkel lagern. Es verliert sehr schnell an Aroma. Bei zu langer Lagerung wird es braun und bekommt einen schalen Geschmack.

Schuhbecks Rezepte: Seiten 45 und 98

Pfeffer

Herkunft: Pfeffer ist der König unter den Gewürzen und ebenso unerlässlich wie Salz. Reiche Händler wurden lange Zeit »Pfeffersäcke« genannt. Die heutigen Hauptanbauländer sind Indien, Indonesien, Malaysia und Brasilien.

Aroma: Pfeffer schmeckt immer scharf, schwarzer ist würziger, weißer Pfeffer dagegen etwas feiner im Geschmack.

Gesundheitliche Wirkung: Pfeffer wirkt aufgrund des ätherischen Öls und der Fermente durchblutungs- und verdauungsfördernd und tötet Bakterien im Essen ab.

Ernte: Im Frühjahr und Sommer werden die Pfefferbeeren geerntet, getrocknet und anschließend als Körner der Größe nach sortiert.

Verwendung: Ganze Pfefferkörner eignen sich für klare Suppen und Fonds, zerdrückt für Marinaden, Beizen, Saucen, Pfeffersteaks, Eintöpfe und Suppen.

Küchentipp: Schwarzer Pfeffer besteht aus unreifen, getrockneten Pfefferbeeren. Weißer aus voll ausgereiften roten Körnern, die geschält und getrocknet wurden. Grüner Pfeffer besteht aus unreifen grünen Früchten, die in Salzlake eingelegt und getrocknet wurden. Eingelegten grünen Pfeffer vor der Verwendung abspülen; die frischen grünen Körner leicht zerdrücken.

Lagerung: Da gemahlener Pfeffer schnell sein Aroma verliert, am besten immer frisch mahlen.

Schuhbecks Rezepte: Seiten 74 und 77

Piment

Herkunft: Piment heißt auch »Nelkenpfeffer« oder »Neugewürz« (engl. »all spices«) und wird heute hauptsächlich in Mittelamerika und Jamaika angebaut.

Aroma: Piment hat einen vielschichtigen Geschmack nach einer Mischung aus Zimt, Nelken, Pfeffer und Muskat.

Gesundheitliche Wirkung: Pimentessenz verleiht Heilmitteln Geschmack und Männerparfums Duft. Als Gewürz regt Piment Appetit und Verdauung an.

Ernte: Die dunklen Beerenfrüchte hängen an sechs bis zwölf Meter hohen Bäumen. Man pflückt die reifen, noch grünen Beeren, lässt sie einige Tage fermentieren und anschließend trocknen, wodurch sie eine rotbraune Farbe annehmen.

Verwendung: Piment schmeckt in würzigen Marinaden, Salaten und Suppen und passt sehr gut zu Fisch- und Fleischgerichten. Piment darf in Plumpudding, Lebkuchen und Glühwein nicht fehlen.

Küchentipp: Ganze Pimentbeeren am besten erst kurz vor der Verwendung im Mörser zerstoßen oder in der Pfeffermühle mahlen, da sich ihr Aroma so am besten entfaltet. Piment verstärkt den Geschmack anderer Gewürze.

Lagerung: Pimentbeeren und -pulver immer in einem fest verschließbaren Gefäß kühl und dunkel lagern.

Schuhbecks Rezepte: Seiten 51 und 101

SAFRAN

Herkunft: Safran – das sind die Narben des Safrankrokus – galt schon im Altertum und im Mittelalter als äußerst kostbare Ware und ist heute wohl das teuerste Gewürz der Welt. Hauptproduzent von Safran ist der Iran, gefolgt von Spanien, Griechenland, Frankreich, der Türkei, Indien, den USA, Mittel- und Südamerika.

Aroma: Safran schmeckt feinwürzig, aromatisch und ein wenig bitter und färbt sehr intensiv gelb.

Gesundheitliche Wirkung: Safran enthält neben ätherischen Ölen und einem stark färbenden Farbstoff viel Vitamin B_2 und Riboflavin. Safran wirkt appetitanregend und wird in Indien als Mittel gegen Harn- und Verdauungsprobleme empfohlen.

Ernte: Die Blüten des Safrankrokus werden im Herbst gepflückt. Die Narben werden von Hand aus den Blüten genommen und dann getrocknet.

Verwendung: Safran würzt alle Reisgerichte, ob süß oder salzig, und ist unerlässlich für Paella oder Bouillabaisse. Er passt aber auch zu Nudeln, Geflügel-, Rindfleisch- und Fischgerichten und natürlich zu Kuchen und süßem Gebäck.

Küchentipp: Ganze Safranfäden garantieren hundertprozentige Qualität. Gestrecktes oder verfälschtes Safranpulver verliert schneller an Aroma. Safran sparsam verwenden und immer mitkochen! Entweder vorher in heißem Wasser auflösen oder im Mörser zerreiben (Mörser mit Garflüssigkeit säubern, damit nichts verloren geht). Gemahlenen Safran direkt hinzugeben.

Lagerung: Safran in Fäden oder bereits gemahlen luftdicht, dunkel und trocken aufbewahren.

Schuhbecks Rezepte: Seiten 69 und 110

SENF

Herkunft: Die Senfpflanze zählt zu den alten Kulturpflanzen des Mittelmeerraumes und war im Mittelalter oft das einzige Gewürz der einfachen Leute. Schwarzer Senf wird heute vorwiegend in Südeuropa und Westasien, brauner in Indien und weißer in ganz Europa und Nordamerika angebaut und verwendet.

Aroma: Schwarzer Senf schmeckt aromatisch scharf und würziger als weißer. Beide Sorten haben keinen Geruch.

Gesundheitliche Wirkung: Scharfe Senföle aktivieren Darm und Galle. Als Pflaster werden sie oft bei Rheuma und Ischias empfohlen.

Ernte: Die reifen Senfschoten werden von Juli bis September geerntet, getrocknet und dann gedroschen.

Verwendung: Ganze Senfkörner eignen sich gut zum Einlegen von Gurken, Gemüsen, Currys, Chutneys, Kochsud, Schinken und Sauerkraut. Senfpulver wird für Suppen und Eintöpfe verwendet. Scharfer Tafelsenf passt zu Saucen, Geflügel, Bratenfleisch, kaltem Fleisch, Wurstwaren, Mayonnaise und Salatsaucen. Milder Tafelsenf verfeinert Saucen und Fisch (Lachs und Hering).

Küchentipp: Senf verliert beim Garen an Schärfe, deshalb erst kurz vor Ende der Garzeit hinzugeben. Senfblätter kann man wie Gartenkresse essen, die Samen am besten 14 Tage keimen lassen. Pulver unmittelbar vor Gebrauch in wenig Wasser auflösen und 15 Minuten stehen lassen.

Lagerung: Körner fest verschlossen, kühl und dunkel aufbewahren; Tafelsenf in Schraubgläsern im Kühlschrank lagern. Tafelsenf ist bis zu einem Jahr haltbar.

Schuhbecks Rezepte: Seiten 40, 85, 120

KLEINES GEWÜRZ-LEXIKON

STERNANIS

Herkunft: Sternanis ist die Frucht eines immergrünen Baums der Magnolienfamilie. Sein Name leitet sich von seiner meist achtzackigen Form ab. Sternanis ist nicht mit Anis verwandt. Ursprünglich aus Südchina und Vietnam stammend wird Sternanis heute in ganz Südostasien angebaut.

Aroma: Sternanis duftet intensiv würzig, schmeckt süßlich-bitter und erinnert im Geschmack ein wenig an Anis und Fenchel.

Gesundheitliche Wirkung: Sternanis ist hilfreich bei Magenkrämpfen, Blähungen sowie bei Rheumatismus und wirkt schleimlösend. Ganz gekaut erfrischt Sternanis den Atem.

Ernte: Die Früchte werden vor der Reife gepflückt und in der Sonne getrocknet.

Verwendung: Sternanis verfeinert häufig Anisgetränke (Pastis, Anisette, Pernod), Kaugummis und Kleingebäck. In der Küche passt er nicht nur zu klaren Suppen, pfannengerührten Gerichten, zu Lauch, Kürbis, Fleisch-, Geflügel- und Fischgerichten, sondern auch zu Kompotten, Schokoladencremes und -kuchen.

Küchentipp: Bei Sternanis können Samen und Schale sowohl im Ganzen als auch gemahlen verwendet werden. In der Schale steckt das meiste Aroma. Sternanis nicht zu großzügig dosieren, da er sonst bitter hervorschmeckt.

Lagerung: Ungemahlen ist Sternanis relativ lange haltbar, wenn er luftdicht und dunkel aufbewahrt wird. Als Pulver verliert er rasch an Aroma.

Schuhbecks Rezepte: Seiten 129 und 130

VANILLE

Herkunft: Vanille ist ein Orchideengewächs und wurde schon von den Azteken in Mexiko kultiviert. Die komplizierte Zucht der Schoten und deren Fermentation macht Vanille zu einem äußerst kostbaren Gewürz. Vanille wird heute neben Mexiko in Ecuador, Bolivien, Brasilien, auf Java, Sri Lanka und in Ostafrika angebaut.

Aroma: Vanille duftet angenehm blumig und schmeckt süßlich.

Gesundheitliche Wirkung: Vanille enthält Vanillin und andere Duftstoffe sowie Harze und Gerbstoffe. Ihr wird von jeher eine nervenstärkende und aphrodisierende Wirkung nachgesagt.

Ernte: Die unreifen Vanillekapseln werden fermentiert und danach getrocknet.

Verwendung: Vanille entfaltet ihr Aroma am besten mit Zucker, deshalb findet sie sich vorwiegend in Süßspeisen, in süßen Saucen, eingelegten Früchten, Desserts, Parfaits, Puddings und Gebäck.

Küchentipp: Vanille gibt es in unterschiedlichen Qualitäten. Das feinste Aroma besitzt die Bourbon-Vanille in ganzen Schoten. Weniger empfehlenswert ist Vanillinzucker mit synthetisch hergestellten Aromen. Vanilleschoten sollten biegsam, aber fest sein und tiefbraun bis schwarz glänzen. Schoten aufschlitzen, das Mark mit einem spitzen Messer herauskratzen. Leere Schoten können zum Aromatisieren von Milch oder Sahne verwendet werden. Zu trockene Schoten vor der Verarbeitung eine Minute lang in lauwarmem Wasser einweichen. Vanillezucker kann man selbst herstellen, indem man ganze Schoten trocknet und mit Zucker im Mixer zerkleinert.

Lagerung: Ganze Schoten luftdicht, kühl und dunkel lagern.

Schuhbecks Rezepte: Seiten 126, 130, 132

Wacholder

Herkunft: Wacholder ist auf der ganzen nördlichen Halbkugel zu Hause. Dieser immergrüne Strauch mit seinen nadelartigen Blättern, seinen gelben Blüten und blauen Früchten, die zwei bis drei Jahre zum Reifen benötigen und lange als Mittel für ewige Jugend galten, wird heute vorwiegend in Osteuropa kultiviert.

Aroma: Wacholder schmeckt leicht bitter-harzig mit süßlichem Beigeschmack, der ein wenig an Tannennadeln und Terpentin erinnert.

Gesundheitliche Wirkung: Durch die in ihm enthaltenen ätherischen Öle wirkt Wacholder appetitanregend, entzündungshemmend und auch wassertreibend. Er wird als Tee bei Nieren- und Blasenleiden eingesetzt.

Ernte: Die Reifung der Wacholderbeerenzapfen dauert zwei bis drei Jahre. Sind die Beeren reif, haben sie eine blaue Farbe. Erst dann werden sie gepflückt und getrocknet.

Verwendung: Die deutsche Küche kennt Wacholder sowohl in Fleisch- und Wildmarinaden, Terrinen, Ragouts, Sauerkraut und Rotkohl als auch in Suppen und Brühen. Daneben wird er zur Aromatisierung von Schnäpsen wie Gin und Genever oder von Likören verwendet.

Küchentipp: Wacholderbeeren können frisch und getrocknet eingesetzt werden. Je kleiner die Beeren sind, desto mehr Würzkraft besitzen sie. Zum Würzen die Beeren zerdrücken, drei ganze oder zwei zerdrückte Beeren pro Person nehmen.

Lagerung: Getrocknete Beeren gut verschlossen, kühl und dunkel aufbewahren, nicht länger als sechs Monate lagern.

Schuhbecks Rezepte: Seiten 79 und 94

Zimt

Herkunft: Zimt besteht aus der getrockneten Rinde eines lorbeerartigen Baums und kommt heute aus Südostasien und Zentralamerika, früher aus Sri Lanka, dem einstigen Ceylon.

Aroma: Zimt riecht äußerst aromatisch, etwas süßlich und holzig. Sein typischer Geschmack entwickelt sich in Verbindung mit Süßem am besten.

Gesundheitliche Wirkung: Der Zimtduft wirkt appetitanregend. Zimt unterstützt aufgrund seines ätherischen Öls die Verdauung und hilft bei Völlegefühl und Magenbeschwerden.

Ernte: Die Rinde des Zimtbaums wird von Hand abgelöst und danach getrocknet, wodurch sie sich zusammenrollt.

Verwendung: Zimt ist vielseitig verwendbar: Er verfeinert Glühwein, Punsch, Bratäpfel, Kompotte, Obstsalat, Apfelstrudel, Obstkuchen und anderes Gebäck. Zimt passt aber auch zu Fleischeintöpfen, Geflügelfüllungen, Koteletts (Lamm) und Schnitzel (vor dem Braten ein wenig bestäuben), zu gekochtem Fisch und zu Currys.

Küchentipp: Zimt ist in Stangen oder als Pulver erhältlich. Je dünner die Stangen sind, desto besser ist ihre Qualität. Stangen kann man im Ganzen mitgaren oder in heißer Flüssigkeit ziehen lassen, vor dem Servieren möglichst herausnehmen.

Lagerung: Zimtstangen und auch gemahlenen Zimt luftdicht verschlossen, kühl und dunkel aufbewahren.

Schuhbecks Rezepte: Seiten 117, 127, 130

KLEINES GEWÜRZ-LEXIKON

GEWÜRZMISCHUNGEN

CURRY

Herkunft: Curry ist eine Spezialität Indiens, die bei uns allgemein bekannt und beliebt ist. Kaum einer weiß allerdings, dass dieses Gewürz nur ein Name für eine variierende Gewürzmischung ist, die bis zu 35 verschiedene Gewürze enthalten kann. Auf keinen Fall fehlen dürfen Kurkuma, Ingwer, Kardamom, Pfeffer, Koriander, Kreuzkümmel, Paprika, Nelken, Zimt, Muskat und Piment – und je nach Koch noch viele weitere.

Aroma: Es hängt von der Mischung ab, ob Curry mild und leicht süßlich oder würzig-scharf schmeckt.

Gesundheitliche Wirkung: Curry macht Appetit und fördert die Verdauung.

Verwendung: Je nach Zusammensetzung passt Curry zu Reis, Nudeln, Hühnerfrikassees, Fischragouts, Lamm- und Kalbsbraten, Eintöpfen mit Hülsenfrüchten und besonders zu Blumenkohl. Curry harmoniert auch mit Kokoscreme, Sahne oder Crème fraîche.

Küchentipp: Am aromatischsten schmeckt natürlich eine selbst zusammengestellte Currymischung. Empfehlenswert ist es, die Gewürzmischung zuerst in Butter, Butterschmalz oder Öl anzurösten und danach Flüssigkeit bzw. die weiteren Zutaten dazuzugeben.

Lagerung: Die fertige Currymischung ist lichtempfindlich und verliert rasch an Aroma, daher möglichst dunkel lagern. Curry am besten regelmäßig frisch zubereiten und rasch verbrauchen.

Schuhbecks Rezepte: Seiten 67 und 81

FÜNFGEWÜRZ

Herkunft: Das Fünfgewürzpulver stammt aus der chinesischen Küche. Meist kommen Sternanis, Sichuanpfeffer, Zimt oder Kassie, Fenchelsamen und Gewürznelken darin vor. Aber auch Kardamom, Ingwer oder Süßholzwurzel können dabei sein.

Aroma: In der Regel dominiert Sternanis.

Gesundheitliche Wirkung: Fünfgewürzpulver wirkt positiv auf den Magen-Darm-Trakt.

Verwendung: Das Fünfgewürzpulver passt zu klaren Brühen und Suppen, Marinaden für Fisch, Fleisch und Geflügel sowie zu Gemüsecurrys und Chutneys.

Küchentipp: Fünfgewürzpulver ist fertig gemischt erhältlich oder man kann es selbst zubereiten.

Lagerung: Wird die fertige Mischung luftdicht aufbewahrt, ist sie drei bis vier Monate haltbar.

Schuhbecks Rezepte: Seiten 77 und 80

GARAM MASALA

Herkunft: Garam masala ist die wichtigste Gewürzmischung in der nordindischen Küche und bedeutet »warme Mischung«. Sie existiert wie Curry in vielen Variationen und enthält bis zu 13 Gewürze. Basis aller Garam masalas sind in der Regel Nelken, Kardamom, Zimt und Pfeffer.

Aroma: Je nach Zusammensetzung schmeckt Garam masala unterschiedlich würzig bis scharf.

Gesundheitliche Wirkung: Garam masala erwärmt allgemein den Organismus. Seine Wirkung wird durch seine jeweiligen Einzelgewürze bestimmt.

Verwendung: Garam masala passt traditionell zu Reis, Gemüsegerichten (Blumenkohl), Fisch, Grillfleisch und Lamm.

Küchentipp: Für Garam masala gibt es kein Grundrezept, daher kann man die Mischung individuell auf das jeweilige Gericht abstimmen. Die Gewürze wie beim Curry zusammen anrösten und dann fein mahlen oder zerstoßen. Während des Kochens sparsam hinzufügen.

Lagerung: Garam masala lässt sich in einem fest verschließbaren Gefäß etwa ein halbes Jahr lang aufbewahren.

Schuhbecks Rezepte: Seiten 89 und 105

Lebkuchengewürz

Herkunft: Lebkuchen enthalten neben Nüssen und Zitronat eine Vielzahl von Gewürzen. Die Zusammenstellung dieser Gewürze variiert von Bäcker zu Bäcker, meist enthält das Lebkuchengewürz jedoch Anis, Nelken, Koriander, Kardamom, Muskatnuss, Piment und Zimt – alles fein gemahlen.

Aroma: Lebkuchengewürz schmeckt vor allem nach Nelken, Piment und Zimt.

Gesundheitliche Wirkung: Zusammengesetzt aus den einzelnen Gewürzen stellt Lebkuchengewürz eine wärmende Mischung dar.

Verwendung: Lebkuchengewürz eignet sich auch für exotische Gerichte, Desserts und Gebäck aller Art.

Küchentipp: In den Herbst- und Wintermonaten gibt es Lebkuchengewürz fertig gemischt im Handel. Es kann aber auch je nach Geschmack selbst zusammengestellt werden.

Lagerung: Bei luft- und lichtdichter Verpackung ist Lebkuchengewürz bis zu einem Jahr haltbar.

Schuhbecks Rezept: Seite 127

Tandoori

Herkunft: Tandoori-Pulver ist die indische Gewürzmischung für im Holzofen (= Tandoor) zubereitete Eintöpfe. Es besteht hauptsächlich aus Ingwer, Knoblauch und Kurkuma.

Aroma: Tandoori-Gewürz schmeckt je nach den verwendeten Zutaten mehr oder weniger scharf.

Gesundheitliche Wirkung: Tandoori wirkt anregend auf die Verdauung.

Verwendung: Tandoori passt zu Reis und Gemüse, zu Geflügel, Fisch und Fleisch.

Küchentipp: Tandoori-Gewürz gibt es sowohl als Pulver als auch als Paste fertig zu kaufen. Am besten bereitet man es je nach Gericht selbst zu.

Lagerung: Selbst zubereitete Tandoori-Paste ist nur einige Wochen im Kühlschrank haltbar. Das Tandoori-Pulver dagegen kann sechs Monate lang luftdicht, kühl und trocken aufbewahrt werden.

Schuhbecks Rezepte: Seiten 107, 117, 120

NÜTZLICHE GERÄTE

Frisch gemahlen mit Silit-Gewürzmühlen – dem Aroma zuliebe

Kräuter und Gewürze spielten von jeher eine große Rolle, sobald der Mensch sich ans Kochen machte. Aufzeichnungen griechischer Autoren belegen, dass es in Kleinasien, Ägypten und Griechenland schon weit vor unserer Zeitrechnung Kräuterkulturen gab. Lange Zeit schätzte man den gesundheitlichen Wert der Kräuter und ihre Heilkraft jedoch höher ein als ihre kulinarischen Eigenschaften. Ebenso alt wie die Verwendung von Kräutern ist die der Gewürze. Ausgrabungen im Irak, in Asien und in China beweisen, dass die Menschen schon dreitausend Jahre vor Christi Geburt Gewürze in ihre Speisen taten. Über Jahrhunderte hinweg waren Gewürze ein wichtiges Handelsgut.

Heute lassen sich Kräuter und Gewürze aus unserer Küche nicht mehr wegdenken. Ihre Vielfalt, ihr Duft und Geschmack machen die moderne, kreative Küche aus. Ihr Zusammenspiel gibt Gerichten eine raffinierte Note, gezielt eingesetzt unterstützen sie den Eigengeschmack der Zutaten. Wem stiege nicht allein beim Gedanken an Nudeln mit Bärlauchpesto, Entenbraten mit Beifuß oder Bratäpfeln mit Zimt der aromatische, intensive Duft in die Nase?

Kräuter und Gewürze sind vielseitig einsetzbare, doch auch empfindliche Zutaten. Die goldene Regel lautet: je frischer, desto besser. Für Kräuter heißt das: am besten frisch geschnitten verwenden. Für Gewürze bedeutet es: frisch gemahlen sind sie am aromatischsten. Doch wer hat schon im Winter frischen Thymian oder frisches Bohnenkraut zur Hand?

Die Alternative sind getrocknete Kräuter und Gewürze. Kauft man sie jedoch bereits gemahlen, verlieren sie schnell an Aroma. Idealerweise zerkleinert man Kräuter und Gewürze immer erst, kurz bevor man sie verwenden möchte.

Der integrierte Rücklauf der Silit-Gewürzmühlen ermöglicht Mahlen ohne Nachfassen: einfach das Mahlwerk festhalten, das Glas hin- und herdrehen und das Mahlgut fällt bei geschlossenem Aromadeckel vordosiert in den Mahlkopf.

Das Einstellrad ermöglicht die stufenlose Einstellung der Mahlstärke von grob bis sehr fein.

Der integrierte Rücklauf hat den Vorteil, dass man das Glas in beide Richtungen drehen kann.

Der Aromadeckel schützt das Mahlwerk und bewahrt das volle Aroma der Gewürze.

Der Mahlstein aus Keramik mahlt korrosionsbeständig, abriebfrei und geschmacksneutral.

Der Schraubverschluß ist einfach zu öffnen und zu verschließen. Die große Öffnung erleichtert das Nachfüllen.

CHILI
SCHOTEN

Silit

Der Gewürzbehälter aus Glas ist geschmacksneutral und leicht zu reinigen. Gewürzart und Füllmenge sind optimal sichtbar.

Mit einer Gewürzmühle von Silit, die ähnlich wie eine Pfeffermühle funktioniert, kann man Gewürze und getrocknete Kräuter selbst mahlen. Diese Mühlen eignen sich für alle Gewürze und getrockneten Kräuter. Sie verfügen über ein perfekt funktionierendes Mahlwerk aus geschmacksneutraler Keramik, das sich stufenlos von sehr fein bis grob einstellen läßt. Gewürze werden nicht wie in einem Mörser gequetscht, sondern geschnitten. So werden mehr ätherische Geschmacksstoffe frei und entfalten ihr volles Aroma. Selbst »harte Nüsse« wie Muskatnuss oder Pfefferkörner können je nach Wunsch gemahlen werden.

Licht und Luft schaden den Gewürzen. Auch für die richtige Aufbewahrung von Gewürzen sind Gewürzmühlen von Vorteil: Es gibt sie von Silit in weißer Farbe bereits gefüllt mit den 12 wichtigsten Gewürzen (von Chili bis Pfefferkörner) oder ungefüllt in weißer oder blauer Farbe. Der Gewürzbehälter aus Glas ist leicht zu reinigen und zu befüllen und ermöglicht

einen schnellen Überblick über die Füllmenge. Der Aromadeckel schützt die Gewürze vor Dampf und Feuchtigkeit und bewahrt ihr volles Aroma.

Hat man stets verschiedene Gewürzmühlen griffbereit in der Küche, lassen sich Gewürze vielfältig einsetzen. Wer Lust am Experimentieren hat, kann sich sogar eigene Gewürzmischungen herstellen: einfach die gewünschten Gewürze in der jeweiligen Dosierung in eine leere Gewürzmühle füllen. Den Mahlgrad einstellen, die Gewürze in den Deckel, der als Dosierhilfe dient, vormahlen und in das Gericht geben. Bei Bedarf kann man sich so eigene Currymischungen für die asiatische Küche, ein eigenes Pizzagewürz oder besondere Würzmischungen für Wildgerichte frisch mahlen.

Bei aller Begeisterung für Kräuter und Gewürze sollte man stets im Auge behalten: weniger ist in der feinen Küche oft mehr. Gewürze sollten den Eigengeschmack der Speisen hervorheben und nicht überdecken.

SNACKS & SALATE

FRÜHLINGSKRÄUTERSALAT

ZUTATEN

80 ml Gemüsebrühe, 1 EL Rotweinessig

1 EL Balsamico-Essig

1 Spritzer Sherry

2 EL Olivenöl, 1 TL Walnussöl

1/2 fein gehackte Knoblauchzehe

Salz, Pfeffer aus der Mühle, Zucker

1 kleiner Kopfsalat

250 g Frühlingskräuter (z. B. Sauerampfer, Löwenzahn, Brunnenkresse, Basilikum, Schnittlauch)

Blüten von Gänseblümchen, Löwenzahn oder von Kräutern

1. Für das Dressing die Gemüsebrühe mit den beiden Essigsorten, dem Sherry, dem Oliven- und Walnussöl und dem Knoblauch verrühren. Mit Salz, Pfeffer und Zucker würzen.

2. Den Salat zerpflücken, in kaltem Wasser gründlich waschen und abtropfen lassen.

3. Die Kräuter waschen, abschütteln und die Blätter von den Stielen zupfen.

4. Salatblätter und Kräuter mit dem Dressing mischen, auf Tellern anrichten und mit den Blüten verzieren.

SAIBLINGSTATAR MIT SENFSAUCE AUF KARTOFFELN

ZUTATEN

400 g Saiblingsfilets

Salz, Pfeffer aus der Mühle

6 EL Olivenöl

Saft von 1/2 großen Zitrone

1 EL frisch geschnittener Dill

100 g Schmand, 1 TL mittelscharfer Senf

1 TL Honig, Cayennepfeffer

12 Scheiben gekochte Kartoffeln

gemahlener Kümmel

Dill zum Garnieren

1. Die Saiblingsfilets im Tiefkühlgerät leicht anfrieren und anschließend in kleine Würfel schneiden. Mit Salz, Pfeffer, 3 EL Olivenöl und Zitronensaft marinieren und den Dill untermischen.

2. Für die Senfsauce Schmand, Senf und Honig verrühren und mit Salz und Cayennepfeffer würzen.

3. Die Kartoffelscheiben in einer Pfanne bei mittlerer Hitze im übrigen Öl von beiden Seiten anbraten. Mit Salz, Pfeffer und etwas gemahlenem Kümmel würzen. Auf Küchenpapier abtropfen lassen.

4. Die Kartoffelscheiben auf eine Platte setzen. Den Saiblingstatar abschmecken, auf den Kartoffelscheiben verteilen und mit Senfsauce beträufeln. Mit Dill garnieren.

SNACKS & SALATE

ROTER ZWIEBELSALAT

ZUTATEN

2 EL Rosinen

6 cl Portwein

4 rote Zwiebeln, Salz

2 EL Rotweinessig

80 ml Geflügelbrühe, 5 EL Olivenöl

1 EL Kapern

Pfeffer aus der Mühle, Zucker

Koriander aus der Mühle

1. Die Rosinen in Portwein einweichen. Die Zwiebeln schälen, in dünne Scheiben schneiden, in Salzwasser blanchieren und auf einem Sieb abtropfen lassen.

2. Rotweinessig mit Geflügelbrühe verrühren und das Olivenöl unterschlagen. Die Rosinen mit dem Portwein und die Kapern hinzufügen und mit Salz, Pfeffer und einer Prise Zucker würzen. Koriander darüber mahlen.

3. Die Zwiebeln mit der Marinade mischen, gegebenenfalls noch etwas nachwürzen. Am besten lauwarm (z. B. zu kaltem Braten oder eingelegtem Fisch) servieren.

GEBEIZTE LACHSFORELLE MIT ZITRONEN-JOGHURT-SAUCE

ZUTATEN

1 EL Korianderkörner, 6 Wacholderbeeren

Schale von $1/2$ unbehandelten Zitrone

200 g Dill

2 EL Olivenöl

1 TL scharfer Senf

Salz, Zucker

2 Lachsforellenfilets mit Haut (je etwa 250 g)

200 g Vollmilchjoghurt

1 Spritzer Zitronensaft

Cayennepfeffer

Koriander aus der Mühle

1. Koriander und Wacholderbeeren grob zerstoßen, die Zitronenschale in dünne Streifen schneiden. Den Dill grob schneiden und mit Olivenöl, Senf, je 1 EL Salz und Zucker, Koriander und Wacholder mischen.

2. Die Hälfte der Kräutermasse auf einer tiefen Platte verteilen. Die Lachsforellenfilets mit der Hautseite nach unten darauf legen und mit der restlichen Kräutermasse gleichmäßig bedecken. 24 Stunden marinieren, nach 12 Stunden einmal wenden.

3. Die Kräuter entfernen und die Fischfilets mit Küchenpapier trockentupfen. Mit einem scharfen Messer schräg in dünne Scheiben schneiden. Die Haut dabei entfernen.

4. Den Joghurt mit Zitronensaft, Salz, Cayennepfeffer und Zucker abschmecken.

5. Die Fischscheiben auf Tellern anrichten, etwas Joghurtsauce dazugeben und Koriander darüber mahlen.

Gebratener Gemüsesalat mit Garnelen und Ingwer

Zutaten

3 Möhren, 1 kleiner Zucchino

4 Frühlingszwiebeln, 2 Selleriestangen

1 TL Puderzucker

2 Scheiben frischer Ingwer

1 Knoblauchzehe

5 EL Olivenöl

Salz, Pfeffer aus der Mühle

5 EL Gemüsebrühe

Saft von 1/2 Zitrone

12 Garnelen

1 TL frisch geschnittene Basilikumstreifen

1. Die Möhren schälen, den Zucchino längs halbieren, Frühlingszwiebeln und Selleriestangen putzen. Alles schräg in 3 bis 4 mm dicke Scheiben schneiden.

2. Den Puderzucker in eine Pfanne stäuben und bei milder Hitze hell karamellisieren. Möhren, Sellerie, Ingwer und die ungeschälte Knoblauchzehe dazugeben. 1 EL Öl hinzufügen, mit Salz und Pfeffer würzen und das Gemüse darin glasig anschwitzen. Zucchini dazugeben und etwas mitschwitzen lassen. Mit Gemüsebrühe löffelweise ablöschen, die Frühlingszwiebeln hinzufügen und kurz mitdünsten. Aus der Pfanne nehmen und mit Zitronensaft und 3 EL Öl marinieren.

3. Die Garnelen schälen, den Darm entfernen und mit Salz und Pfeffer würzen. Das restliche Olivenöl erhitzen und die Garnelen darin bei milder Hitze je 3 Minuten von beiden Seiten braten. Zuletzt die Basilikumblätter dazugeben.

4. Den Gemüsesalat auf Teller verteilen und die Garnelen darauf anrichten.

SNACKS & SALATE

BLÄTTERTEIGTASCHEN MIT SCHINKENFÜLLUNG

ZUTATEN

1 Zwiebel, 1 Knoblauchzehe

150 g Champignons, 150 g Zucchini

200 g gekochter Schinken

2 EL Öl, Salz, Pfeffer aus der Mühle

Cayennepfeffer

1 EL frisch geschnittene Petersilie

Mehl zum Ausrollen

1 EL Kümmel, 1 EL Koriander

800 g Blätterteig

2 Eiweiß, 2 Eigelb

4 EL Sahne

1 EL Sesam, 1 EL Mohn

1. Zwiebel und Knoblauch schälen, die Champignons mit einem Tuch säubern, von den Zucchini die Enden abschneiden und alles mit dem Schinken in kleine Würfel schneiden.

2. Die Zwiebeln im Öl glasig anschwitzen. Champignons, Zucchini und Schinken noch etwas mitbraten. Mit Salz, Pfeffer, Cayennepfeffer, Knoblauch und Petersilie würzen.

3. Die Arbeitsfläche mit Mehl bestäuben, Kümmel und Koriander mit einer Mühle grob darüber schroten. Den Blätterteig darauf legen, die Teigoberfläche mit Mehl bestäuben und mit Kümmel und Koriander kräftig würzen. Etwa 2 mm dick ausrollen und Quadrate von 6 cm Seitenlänge ausschneiden. Den Backofen auf 220 °C vorheizen.

4. Die Teigkanten mit Eiweiß bepinseln, einen Löffel Schinkenfülle in die Teigmitte setzen. Die Teigenden darüber zu einem Dreieck zusammenklappen und andrücken.

5. Die Taschen auf ein mit Backpapier ausgelegtes Blech legen. Eigelb mit der Sahne verrühren, die Teigoberfläche damit bestreichen, mit Sesam und Mohn bestreuen. Im vorgeheizten Backofen in etwa 15 Minuten goldbraun backen.

GERÖSTETES BAUERNBROT MIT PFIFFERLINGEN UND PETERSILIE

ZUTATEN

400 g Pfifferlinge, 150 g Kirschtomaten

1 Bund Rucola, 2 EL Gemüsebrühe

1 EL Rotweinessig, 1 Msp scharfer Senf

2 EL Olivenöl

Salz, Pfeffer aus der Mühle

1 Knoblauchzehe, 1 Msp gehackter Ingwer

1 EL frisch geschnittene Petersilie

4 Scheiben Bauernbrot

1. Die Pfifferlinge putzen, größere Exemplare zerschneiden. Die Kirschtomaten waschen und halbieren. Die Rucolablätter waschen und abtropfen lassen.

2. Die Gemüsebrühe mit Essig, Senf und 1 EL Öl zu einer Vinaigrette verrühren und mit Salz und Pfeffer würzen.

3. Die Knoblauchzehe schälen und klein hacken. Das restliche Öl in einer Pfanne erhitzen und die Pilze darin anbraten. Die Kirschtomaten dazugeben, mit Salz und Pfeffer würzen. Knoblauch, Ingwer und Petersilie dazugeben.

4. Die Bauernbrotscheiben auf beiden Seiten unter dem Grill oder im Toaster rösten. Den Rucola in der Vinaigrette wenden, auf das Brot geben, die Pfifferlinge darauf verteilen.

BREZENSALAT MIT KIRSCHTOMATEN

ZUTATEN

2 Brezenstangen

9 EL Olivenöl

2 Knoblauchzehen

1 kleiner Zucchino

Salz, Pfeffer aus der Mühle

200 g Kirschtomaten

1/2 kleine Salatgurke

1/2 Kopf Romanasalat

2 Schalotten

60 ml Gemüsebrühe

2 EL Rotweinessig

1 EL frisch geschnittene Kräuter (z. B. Petersilie, Schnittlauch, Basilikum)

Zucker

Kräuterblätter zum Dekorieren

1. Die Brezenstangen schräg in dünne Scheiben schneiden. In einer Pfanne 3 EL Olivenöl sanft erhitzen, die Brezenscheiben mit einer ungeschälten Knoblauchzehe kross anbraten und auf Küchenpapier abtropfen lassen.

2. Vom Zucchino die Enden entfernen und schräg in nicht zu dicke Scheiben schneiden. In einer Pfanne in 2 EL Olivenöl von beiden Seiten anbraten, salzen und pfeffern.

3. Die Kirschtomaten halbieren, die Gurke schälen, längs halbieren, die Kerne entfernen und in kleine Würfel schneiden. Den Romanasalat zerpflücken, gründlich waschen und abtropfen lassen.

4. Schalotten und die zweite Knoblauchzehe schälen, klein würfeln und in einer Pfanne in 1 EL Olivenöl bei milder Hitze glasig anschwitzen. Die Gemüsebrühe angießen, Essig, das restliche Olivenöl, die Gurkenwürfel und die Kräuter hinzufügen. Mit Salz, Pfeffer und einer Prise Zucker würzen.

5. Die Salatblätter mit Brezenscheiben, Zucchini und Tomaten auf einer Platte anrichten. Mit einer Prise Salz bestreuen und mit der Gurken-Vinaigrette beträufeln. Mit Kräuterblättern bestreuen.

OBATZDA

ZUTATEN

1 kleine Zwiebel

200 g Camembert

100 g Frischkäse

Salz, Pfeffer aus der Mühle

Cayennepfeffer

Kümmel

1 TL Paprika edelsüß

1 EL Schnittlauchröllchen

1. Die Zwiebel schälen und in kleine Würfel schneiden. Den Camembert mit einer Gabel zerdrücken und den Frischkäse einarbeiten.

2. Die Zwiebelwürfel hinzufügen und mit Salz, Pfeffer, je einer Prise Cayennepfeffer und Kümmel sowie dem Paprika herzhaft würzen.

3. In ein Schälchen füllen und mit frisch geschnittenen Schnittlauchröllchen bestreuen. Zum Darüberstreuen eignen sich auch gut Radieschenstifte und gehackte Walnüsse. Dazu passt am besten frisch gebackenes Bauernbrot.

Graupensalat mit Kapern und gebratener Geflügelbrust

Zutaten

1,5 l Geflügelbrühe, 2 EL Curry

120 g Perlgraupen

½ Salatgurke, 2 Selleriestangen

200 g Kirschtomaten

80 ml Geflügelbrühe, 2 EL Rotweinessig

1 TL scharfer Senf, 3 EL Olivenöl

Salz, Pfeffer aus der Mühle, Zucker

100 g Kapern

2 Hähnchenbrüste

3 EL Öl

1. Die Brühe mit dem Curry aufkochen lassen, die gewaschenen Graupen hineingeben und in 45 Minuten weich köcheln. Abtropfen lassen und auf einer Platte verteilen.

2. Die Gurke längs halbieren, Kerne entfernen und in Scheiben schneiden. Die Selleriestangen in Scheiben schneiden, Sellerieblätter beiseite legen. Die Kirschtomaten halbieren.

3. Die Geflügelbrühe mit Essig, Senf und Olivenöl verrühren, mit Salz, Pfeffer und einer Prise Zucker würzen. Das Gemüse und die Kapern dazugeben, über den Graupen verteilen.

4. Von den Hähnchenbrüsten die Haut abziehen. Die Haut in Streifen schneiden und in 1 EL Öl kross braten.

5. Das Brustfleisch in Würfel schneiden, salzen und pfeffern und in 2 EL Öl bei milder Hitze 2 bis 3 Minuten anbraten. Ohne Hitze noch 1 Minute lang glasig durchziehen lassen.

6. Die Geflügelbrustwürfel auf Küchenpapier abtropfen lassen und mit der Haut auf dem Graupensalat anrichten. Mit den Sellerieblättern garnieren.

SNACKS & SALATE

GEFLÜGELLEBER IN BASILIKUM-ORANGEN-SAUCE

ZUTATEN

2 rotbackige Äpfel

300 g Geflügelleber

Salz, Pfeffer aus der Mühle

50 g Butter

1 TL Puderzucker

Saft von ½ Orange

50 ml roter Portwein

1 Streifen unbehandelte Orangenschale

1 EL frisch geschnittene Basilikumblätter

Zucker

1. Die Äpfel waschen, vierteln, entkernen und in schmale Spalten schneiden. Die Geflügelleber säubern, trockentupfen, in Stücke schneiden und mit Salz und Pfeffer würzen.

2. In einer Pfanne 20 g Butter aufschäumen, den Puderzucker darüber stäuben und die Leberstücke mit den Apfelspalten bei milder Hitze von beiden Seiten darin anbraten.

3. Leber und Äpfel aus der Pfanne nehmen, warm stellen.

4. Den Bratensatz mit Orangensaft und Portwein ablöschen und auf die Hälfte einkochen lassen. Die Orangenschale einlegen, 1 bis 2 Minuten ziehen lassen und wieder entfernen. Die übrige kalte Butter in kleinen Stückchen zügig hineinrühren oder hineinmixen, dabei nicht mehr kochen lassen.

5. Die Leberstücke und die Apfelspalten hineingeben und die Basilikumblätter hinzufügen. Mit Salz, Pfeffer und einer kleinen Prise Zucker abschmecken. Auf vorgewärmten Tellern anrichten. Dazu passen mild marinierte Blattsalate.

GEMÜSEROULADEN MIT FRISCHKÄSE-KERBEL-FÜLLUNG

ZUTATEN

1 Aubergine, 1 Zucchino

4 EL Olivenöl

Salz, Pfeffer aus der Mühle

400 g Frischkäse

1 EL frisch geschnittener Kerbel

Cayennepfeffer

1 Spritzer Zitronensaft

1 Msp gehackter Knoblauch

1. Von Aubergine und Zucchino die Enden entfernen und längs in dünne Scheiben schneiden. Das Olivenöl in einer Pfanne sanft erhitzen. Die Gemüsescheiben auf beiden Seiten hell anbraten, salzen und pfeffern und auf Küchenpapier abtropfen lassen.

2. Den Frischkäse mit dem Kerbel verrühren. Mit Salz, Pfeffer, Cayennepfeffer, einem Spritzer Zitronensaft und Knoblauch würzen.

3. Die Gemüsescheiben mit dem Frischkäse bestreichen, aufrollen und die Enden mit Holzspießchen feststecken. Dazu passt Tomatensalat.

SNACKS & SALATE

HENDLSÜLZE AUF SCHNITTLAUCHSAUCE

ZUTATEN

1 Möhre

100 g Knollensellerie

1 Zwiebel

1,5 l Gemüsebrühe

1,5 kg Hähnchenkeulen

1 TL weiße Pfefferkörner, 3 Wacholderbeeren

1 Nelke, 1 Lorbeerblatt

1 Scheibe Ingwer

1/2 kleine Chilischote (entkernt)

1 Liebstöckelblatt

1 Tomate

je 1 kleine rote und gelbe Paprikaschote

1/2 kleiner Zucchino

1 TL Puderzucker

1 EL Olivenöl

Salz, Pfeffer aus der Mühle

Zucker

6 Blatt Gelatine

100 g Crème fraîche

50 g saure Sahne

50 g Sahne

1 Spritzer Zitronensaft

Cayennepfeffer

1 EL Schnittlauchröllchen

Kräuterblättchen zum Garnieren

1. Die Möhre und den Sellerie putzen und gründlich bürsten. Die Zwiebel mit der Schale quer halbieren und in einer Pfanne ohne Fett auf der Schnittseite dunkel bräunen.

2. In einem großen Topf die Gemüsebrühe aufkochen lassen, die Hähnchenkeulen und das Gemüse einlegen und erneut aufkochen lassen. Die Temperatur reduzieren, sodass der Sud kaum merklich köchelt. Entstehenden Schaum mit einem Schaumlöffel entfernen.

3. Nach 45 Minuten die Gewürze, das Liebstöckelblatt und die grob zerkleinerte Tomate hinzufügen. Nach weiteren 15 Minuten die Brühe vom Herd nehmen und abkühlen lassen. Das an der Oberfläche schwimmende Fett mit einer Kelle abschöpfen und den Sud durch ein feines Sieb gießen. Die Hähnchenkeulen enthäuten, entbeinen und das Fleisch in grobe Stücke zupfen. Von den Paprikaschoten Stielansatz und Kerne entfernen und mit dem Zucchino in kleine Würfel schneiden.

4. In einer Pfanne den Puderzucker bei milder Hitze hell karamellisieren lassen, die Gemüsewürfel mit dem Öl dazugeben und glasig anschwitzen. Mit Salz und Pfeffer würzen, auskühlen und auf einem Sieb abtropfen lassen.

5. Das Geflügelfleisch mit den Gemüsewürfeln locker in einer Terrinenform verteilen (etwa 1,5 l Inhalt). Vom Geflügelfond 400 ml abnehmen, mit Salz, Pfeffer und einer Prise Zucker herzhaft abschmecken.

6. Die Gelatine in kaltem Wasser einweichen, gut ausdrücken und in 100 ml abgeschmecktem Geflügelfond erwärmen, bis sie sich aufgelöst hat. Zügig in den übrigen Fond rühren. Die Terrinenform damit auffüllen und mindestens 4 Stunden kalt stellen.

7. Für die Schnittlauchsauce die Crème fraîche mit saurer Sahne, Sahne und Zitronensaft verrühren. Mit Salz und Cayennepfeffer würzen, die Schnittlauchröllchen hineinrühren.

8. Die ausgekühlte Sülze am besten mit einem Elektromesser in Scheiben schneiden. Die Sülzenscheiben auf der Schnittlauchsauce anrichten und mit Kräuterblättchen garnieren. Dazu passen gebratene Kartoffeln.

SNACKS & SALATE

Tafelspitz mit Radieserl-Vinaigrette

Zutaten

300 g Kartoffeln

2 EL Öl

Salz, Pfeffer aus der Mühle

Majoran

Kümmel

10 Radieschen

½ Bund Schnittlauch

50 ml Fleischbrühe

2 EL Rotweinessig

½ TL Senf

1 EL Sonnenblumenöl

1 EL Kürbiskernöl

Zucker

2 EL Zwiebelwürfel

2 EL kleine Gurkenwürfel

500 g gekochter Tafelspitz (Rindfleisch)

1. Die Kartoffeln kochen, schälen und in Scheiben schneiden. Die Scheiben im Öl anbraten und mit Salz, Pfeffer, Majoran und einer Prise Kümmel würzen.

2. Von den Radieschen Grün und Wurzel entfernen, waschen und in kleine Stifte schneiden.

3. Den Schnittlauch waschen, abtropfen lassen und in Röllchen schneiden.

4. Die Brühe mit dem Essig und dem Senf verrühren und die Öle langsam zugeben und unterrühren. Mit Salz, Pfeffer und Zucker abschmecken und die Radieschenstifte, die Zwiebel- und die Gurkenwürfel sowie die Schnittlauchröllchen unterrühren.

5. Den gekochten Tafelspitz noch lauwarm in dünne Scheiben schneiden. Fleisch- und Kartoffelscheiben auf angewärmten Tellern anrichten und die Radieserl-Vinaigrette darüber träufeln.

Sergeant Pepper's Tipp

Besonders gut schmeckt der Tafelspitz, wenn man noch 2 EL Kürbiskerne in einer Pfanne ohne Fett anröstet und vor dem Servieren über das Gericht streut.

CARPACCIO VON DER KALBSHAXE MIT STEINPILZEN

ZUTATEN

750 g Fleisch von der Kalbshaxe

1 Möhre

120 g Knollensellerie

1 Zwiebel

Salz, Pfeffer aus der Mühle

4–5 EL Olivenöl

150 g Kirschtomaten

100 ml Weißwein

$1/4$ l Geflügelbrühe

1 Lorbeerblatt

2 Knoblauchzehen

3 Pimentkörner

2 Wacholderbeeren

Salz, Pfeffer aus der Mühle

Saft von $1/2$ Zitrone

1 Msp scharfer Senf

1 Msp gehackter Ingwer

300 g Steinpilze

1 EL frisch geschnittene Petersilie

1. Das Fleisch in die einzelnen Muskelstränge zerteilen und dabei die Sehnen entfernen.

2. Möhre, Sellerie und Zwiebel schälen und klein schneiden. Den Backofen auf 150 °C vorheizen.

3. Das Fleisch mit Salz und Pfeffer würzen und in einem Schmortopf in 2 EL Olivenöl rundherum anbraten. Die Gemüsewürfel hinzufügen und kurz anschwitzen. Die Kirschtomaten zugeben, mit Weißwein ablöschen. Mit der Geflügelbrühe auffüllen.

4. Den Schmortopf zudecken und etwa 2 Stunden in den vorgeheizten Backofen stellen. Nach 1 $1/2$ Stunden das Lorbeerblatt, 1 ungeschälte Knoblauchzehe, die Pimentkörner und die Wacholderbeeren zugeben.

5. Nach weiteren 30 Minuten das Fleisch herausnehmen, die Sauce durch ein Sieb passieren. Die Knoblauchzehe schälen und klein hacken. Mit Salz, Pfeffer, Zitronensaft, 1 bis 2 EL Öl, Senf, Knoblauch und Ingwer abschmecken.

6. Die Steinpilze putzen, größere Exemplare klein schneiden. In einer Pfanne 1 EL Olivenöl erhitzen und die Pilze darin anbraten. Mit Salz und Pfeffer würzen und die Petersilie darunter mischen.

7. Das Fleisch in dünne Scheiben schneiden und auf warmen Tellern fächerartig anrichten. Die Steinpilze darauf verteilen und die Marinade darüber träufeln. Nach Belieben Croûtons und Speckwürfel darüber streuen.

SNACKS & SALATE

Kalbfleischpflanzerl auf Estragon-Kartoffelsalat

Zutaten

500 g Kartoffeln

Salz, 1 TL Kümmel

6 EL Geflügelbrühe, 2 EL Rotweinessig

1 TL scharfer Senf, 8 EL Öl

Pfeffer aus der Mühle, Zucker

1 TL frisch geschnittener Estragon

250 g Champignons

1 Zwiebel, 1 Knoblauchzehe

1 EL frisch geschnittene Petersilie

1 EL frisch geschnittener Majoran

140 g Weißbrot vom Vortag, 1/4 l Milch

400 g Kalbshackfleisch

1 Ei, 1 TL scharfer Senf

frisch geriebene Muskatnuss

Cayennepfeffer, 1/8 l Kalbsfond

einige Estragonblätter zum Garnieren

1. Die Kartoffeln in Salzwasser mit Kümmel gar kochen, abgießen, heiß schälen und in Scheiben schneiden.

2. Die Geflügelbrühe mit Essig, Senf und 2 El Öl verrühren, mit Salz, Pfeffer und einer Prise Zucker würzen, den Estragon dazugeben. Die heißen Kartoffelscheiben darin marinieren.

3. Die Champignons mit einem Tuch säubern, vierteln und in einer Pfanne in 1 EL Öl goldbraun anbraten. Mit Salz und Pfeffer würzen, auf Küchenpapier abtropfen lassen und unter den Kartoffelsalat mischen.

4. Zwiebel und Knoblauch schälen und klein würfeln. Die Zwiebelwürfel in einer Pfanne in 2 EL Öl glasig anschwitzen. Petersilie, Majoran und Knoblauch hinzufügen.

5. Das Weißbrot in Milch einweichen, ausdrücken und möglichst klein hacken.

6. Das Hackfleisch mit dem Weißbrot, dem Ei und der Zwiebelmischung zu einem glatten Fleischteig verarbeiten. Mit Salz, Pfeffer, Senf, Muskat und Cayennepfeffer abschmecken. Mit nassen Händen kleine Pflanzerl daraus formen.

7. Die Pflanzerl in einer Pfanne im übrigen Öl bei mittlerer Hitze von beiden Seiten anbräunen und auf Küchenpapier abtropfen lassen.

8. In einer Pfanne den Kalbsfond sirupartig einkochen lassen und die Pflanzerl darin glasieren.

9. Den Kartoffelsalat auf vorgewärmten Tellern anrichten, die Pflanzerl darauf setzen und den übrigen Fond darüber träufeln. Mit Estragonblättern garnieren.

Sergeant Pepper's Tipp

Estragon schmeckt sehr intensiv und übernimmt schnell die Hauptrolle in einem Gericht, deshalb sollte er mit Fingerspitzengefühl verwendet werden.

SNACKS & SALATE

ROTE-BETE-CARPACCIO MIT MEERRETTICH

ZUTATEN

800 g Rote Bete, Salz, 1 TL Kümmel

Pfeffer aus der Mühle, 80 ml Gemüsebrühe

2 EL Essig, 2 EL Olivenöl, Zucker

2 EL frisch geschnittene gemischte Kräuter
(z. B. Petersilie, Kerbel und Schnittlauch)

frisch gehobelter Meerrettich

1. Die Rote Bete in Salzwasser mit Kümmel in etwa 1 Stunde weich köcheln. Dann die Haut abziehen und in dünne Scheiben schneiden. Auf einem Teller fächerartig auslegen, mit Salz und Pfeffer sanft würzen.

2. Die Gemüsebrühe mit Essig und Öl verrühren. Mit Salz, Pfeffer und einer Prise Zucker würzen und die Kräuter hinzufügen.

3. Das Kräuterdressing über den Rote-Bete-Scheiben verteilen und frischen Meerrettich darüber hobeln. Dazu passt gebratene Kalbsleber.

BÄRLAUCH-BREZENKNÖDEL AUF GEBRATENEN AUSTERNPILZEN

ZUTATEN

150 g Brezenstangen

50 g Butter

1 Zwiebel, 1 Knoblauchzehe

50 g Bärlauch

2 Eier, 75 ml Milch

Salz, Pfeffer aus der Mühle

frisch geriebene Muskatnuss

150 g grüner Speck, 1 EL Öl

2 EL Balsamico-Essig

50 ml Gemüsebrühe

1 Spritzer Sherry

$1/2$ TL scharfer Senf

4 EL Olivenöl, Zucker

300 g Austernpilze

sehr kleine Bärlauchblätter zum Garnieren

1. Die Brezenstangen in $1/2$ cm große Würfel schneiden. Die Würfel in 30 g Butter goldgelb anrösten.

2. Zwiebel und Knoblauch schälen, in kleine Würfel schneiden und in der restlichen Butter glasig anschwitzen. Die Bärlauchblätter waschen und klein schneiden.

3. Die Brezenwürfel mit dem Zwiebel-Knoblauch-Gemisch, dem Bärlauch, den verquirlten Eiern und der Milch mischen und mit Salz, Pfeffer und Muskat abschmecken. Mit angefeuchteten Händen aus der Masse kleine Knödel drehen.

4. Den Speck in kleine Würfel schneiden und in 1 EL Öl sanft ausbraten. Abtropfen lassen und etwas salzen.

5. Für die Vinaigrette den Essig mit der Brühe, einem Spritzer Sherry und dem Senf verrühren. 2 EL Olivenöl langsam unterrühren und mit Salz, Pfeffer und Zucker würzen.

6. Die Austernpilze vierteln und im restlichen Öl anbräunen.

7. Die Knödel in Salzwasser bei mittlerer Hitze etwa 15 Minuten ziehen lassen. Herausheben und abtropfen lassen.

8. Die Knödel mit den Austernpilzen auf vorgewärmten Tellern anrichten, mit der Vinaigrette beträufeln, mit den Grieben bestreuen und mit den Bärlauchblättern garnieren.

SUPPEN & EINTÖPFE

BÄRLAUCHSUPPE MIT SPITZKOHL

ZUTATEN

150 g Bärlauch

1 Zwiebel, 1 mittelgroße Kartoffel

4 EL Öl

1 l Geflügelbrühe, 100 g Sahne

50 g Butter

Salz, Cayennepfeffer

¼ Spitzkohl

1 TL Puderzucker

Pfeffer aus der Mühle

40 g Weißbrot in Scheiben

1 Knoblauchzehe

1 Thymianzweig

1. Die Bärlauchblätter waschen und zerkleinern. Zwiebel und Kartoffel schälen und in kleine Würfel schneiden. In einem Topf in 2 EL Öl glasig anschwitzen. Mit Geflügelbrühe auffüllen und etwa 20 Minuten weich köcheln.

2. Den Bärlauch und die Sahne hinzufügen und mit einem Stabmixer pürieren. Zuletzt 40 g kalte Butter in kleinen Stückchen dazumixen und mit Salz und Cayennepfeffer abschmecken. Die Spitzkohlblätter in Rauten schneiden.

3. In einer Pfanne den Puderzucker bei kleiner Hitze bernsteinfarben karamellisieren. Den Spitzkohl und die übrige Butter dazugeben und mit Salz und Pfeffer würzen. In 1 bis 2 Minuten bissfest braten.

4. Die Weißbrotscheiben in kleine Würfel schneiden. In einer Pfanne im restlichen Öl mit der ungeschälten Knoblauchzehe und dem Thymianzweig kross braten. Leicht salzen und die Croûtons auf Küchenpapier abtropfen lassen.

5. Die Suppe mit dem Stabmixer noch einmal aufschäumen, in vorgewärmte tiefe Teller verteilen. Jeweils in die Mitte etwas Spitzkohl geben, mit den Croûtons bestreuen.

SAUERAMPFERSUPPE

ZUTATEN

100 g junger Spinat, Salz

1 Bund Sauerampfer

1 Zwiebel, 50 g Butter

1 l Geflügelbrühe

100 g Sahne

Cayennepfeffer

frisch geriebene Muskatnuss

1 Spritzer Zitronensaft

1 mittelgroße Kartoffel

Öl zum Frittieren

1. Die Spinatblätter verlesen, gründlich waschen und abtropfen lassen. Dann in Salzwasser blanchieren, in kaltem Wasser abschrecken, kräftig ausdrücken und klein hacken.

2. Die Sauerampferblätter waschen und klein schneiden. Die Zwiebel schälen, klein würfeln und in 10 g Butter anschwitzen. Mit Brühe auffüllen und 5 bis 10 Minuten köcheln.

3. Zwiebeln, Spinat, Sauerampfer und übrige kalte Butter in Flöckchen in einem Mixer mit der Sahne glatt mixen. Mit Salz, Cayennepfeffer, Muskat und Zitronensaft abschmecken.

4. Die Kartoffel schälen, in kleine Würfel schneiden, waschen und gut abtropfen lassen. Im Öl goldbraun frittieren, auf Küchenpapier abtropfen lassen und leicht salzen.

5. Die Suppe in angewärmte tiefe Teller verteilen und mit den Kartoffelwürfeln bestreuen.

SUPPEN & EINTÖPFE

BROKKOLI-BLUMENKOHL-SUPPE MIT PARMESANRAVIOLI

ZUTATEN

Für den Ravioliteig:

150 g doppelgriffiges Mehl (Wiener Griessler)

1 Ei, 1 Eigelb

2 EL Olivenöl

Salz, frisch geriebene Muskatnuss

Mehl zum Ausrollen

Für die Füllung:

1 mittelgroße gekochte Kartoffel

150 g Ricotta oder Magerquark

1 Eigelb

2 EL frisch geriebener Parmesan

Salz

Pfeffer aus der Mühle

Cayennepfeffer

frisch geriebene Muskatnuss

Für die Suppe:

500 g Brokkoli, 500 g Blumenkohl

2 EL Öl, 3/4 l Geflügelbrühe

100 g Sahne, 50 g Butter

Salz, Cayennepfeffer

frisch geriebene Muskatnuss

1. Für den Ravioliteig alle Zutaten zu einem glatten, festen Teig verarbeiten. In Klarsichtfolie wickeln und mindestens 1/2 Stunde ruhen lassen.

2. Für die Füllung die Kartoffel durch die Presse drücken und mit Ricotta, Eigelb und Parmesan zu einer glatten Masse verarbeiten. Mit Salz, Pfeffer, Cayennepfeffer und Muskat würzen.

3. Den Ravioliteig mit einer Nudelmaschine oder einem Nudelholz möglichst dünn ausrollen, dabei leicht mit Mehl bestäuben. Mit einem Plätzchenausstecher Kreise (6 cm Ø) ausstechen. Mit etwas Wasser besprühen oder bepinseln.

4. Jeweils ein Häufchen Füllung in die Mitte eines Kreises setzen und die Teigenden halbmondförmig darüber zusammenklappen und festdrücken. Die fertigen Ravioli auf bemehlte Tücher legen.

5. Für die Suppe Brokkoli und Blumenkohl putzen und in kleine Röschen zerteilen, einige davon als Suppeneinlage beiseite legen. Die anderen in Salzwasser bissfest blanchieren, in Eiswasser abschrecken und gut abtropfen lassen.

6. Brokkoli und Blumenkohl in Öl bei milder Hitze andünsten. Mit der Geflügelbrühe aufgießen und in etwa 20 Minuten weich köcheln.

7. Die Sahne zugeben und die Suppe mit dem Stabmixer pürieren. Die kalte Butter in Flöckchen unterrühren und die Suppe mit Salz, Cayennepfeffer und Muskat abschmecken.

8. Die Ravioli in reichlich Salzwasser in 2 bis 3 Minuten al dente kochen und vorsichtig in ein Sieb abgießen. Zusammen mit den Röschen in vorgewärmte Teller geben. Die Suppe mit dem Stabmixer noch einmal kurz aufschäumen und in die Teller füllen.

Geeiste Gemüsesuppe

Zutaten

2 mittelgroße Salatgurken

500 g vollreife Tomaten

500 g rote Paprikaschoten

2 Eigelb

Salz

70 ml Öl

120 ml Olivenöl

1 Knoblauchzehe

Cayennepfeffer

1 TL Rotweinessig

50 g Weißbrot

1. Die Gurken schälen, der Länge nach halbieren, entkernen und in Stücke schneiden. Die Tomaten vom Stielansatz befreien und in Viertel schneiden. Die Paprikaschoten halbieren, Stielansatz und Kerne entfernen. Das Gemüse in einer Saftpresse entsaften.

2. Das Eigelb mit etwas Salz in eine Rührschüssel geben. Das Öl und 100 ml Olivenöl unter kräftigem Rühren in dünnem Faden einlaufen lassen und die Mischung zu einer Mayonnaise verarbeiten. Den Gemüsesaft nach und nach unterrühren. Die geschälte und halbierte Knoblauchzehe in die Suppe einlegen. Mit Salz, Cayennepfeffer und Rotweinessig abschmecken. Die Suppe mehrere Stunden in den Kühlschrank stellen.

3. Das Weißbrot entrinden und klein würfeln. Im restlichen Olivenöl goldbraun rösten, mit Salz und Pfeffer würzen.

4. Die Knoblauchzehe aus der Suppe nehmen. Gegebenenfalls noch einmal abschmecken. Dann die Suppe in gekühlte Tassen geben und mit den warmen Croûtons bestreuen.

Geeiste Avocadosuppe mit Crevetten

Zutaten

2 reife Avocados

1 l stilles Wasser

300 g Sahne

1 kleine Knoblauchzehe

3 EL weiße Zwiebelwürfel

Saft von 1 großen Zitrone

Salz, Cayennepfeffer

Pfeffer aus der Mühle

50 g abgetropfte Crevetten

1 EL frisch geschnittenes Koriandergrün

1. Die Avocados schälen, entkernen und zerkleinern. In einem Mixer mit Wasser und 1 EL Zwiebelwürfeln pürieren. Dann die Sahne einrühren.

2. Den Knoblauch schälen, in kleine Würfel schneiden und mit 1 EL Zwiebelwürfeln in die Suppe geben. Mit gut der Hälfte des Zitronensafts, Salz, Cayennepfeffer und Pfeffer herzhaft abschmecken. Im Kühlschrank durchkühlen lassen.

3. Die Crevetten mit dem restlichen Zitronensaft beträufeln, mit dem Koriandergrün und den restlichen Zwiebelwürfeln mischen und leicht salzen.

4. Die Suppe in gekühlte Suppentassen verteilen und die Crevetten hineingeben.

Möhren-Ingwer-Suppe mit karamellisiertem Apfel

Zutaten

200 g Möhren

1 Zwiebel

1 Tomate

2 TL Puderzucker

0,8 l Geflügelbrühe

1 TL klein gehackter Ingwer

2 Knoblauchscheiben

½ TL Curry

1 rotbackiger Apfel

100 g Sahne

40 g Butter

1. Möhren und Zwiebel schälen und mit der Tomate klein schneiden.

2. In einem Topf 1 TL Puderzucker bei milder Hitze hell karamellisieren, das Gemüse dazugeben und darin anschwitzen. Mit der Geflügelbrühe aufgießen und das Gemüse etwa 20 Minuten mehr ziehen als köcheln lassen.

3. Mit Ingwer, Knoblauchscheiben und Curry würzen. Den Apfel vierteln, entkernen und in Spalten schneiden. Eine Spalte davon schälen und in die Suppe geben.

4. Sahne und 30 g Butter zur Suppe geben und alles mit dem Stabmixer pürieren.

5. In einer Pfanne den übrigen Puderzucker bernsteinfarben karamellisieren. Die Apfelspalten einlegen, die restliche Butter hinzufügen und die Spalten darin von beiden Seiten karamellisieren lassen.

6. Die Suppe mit einem Stabmixer aufschäumen und mit den Apfelspalten anrichten.

SUPPEN & EINTÖPFE

KNOBLAUCHSUPPE MIT INGWER UND CURRY

ZUTATEN

2 Zwiebeln, 2 Knoblauchzehen

1 TL gehackter Ingwer

1/2 TL Curry, 2 EL Öl

1 l Geflügelbrühe

50 g Sahne, 80 g Butter

Salz, Pfeffer aus der Mühle

1 Spritzer Zitronensaft

1 EL Schnittlauchröllchen

1. Zwiebeln und Knoblauch schälen und klein würfeln. Mit Ingwer und Curry in einem Topf bei mittlerer Hitze im Öl glasig anschwitzen. Die Geflügelbrühe angießen und 5 bis 10 Minuten köcheln lassen.

2. Die Sahne und die kalte Butter in Flöckchen in die Suppe geben und mit einem Stabmixer pürieren. Mit Salz, Pfeffer und Zitronensaft abschmecken.

3. Die Suppe kurz vor dem Servieren noch einmal mit dem Stabmixer aufschäumen, in vorgewärmte tiefe Teller verteilen und mit Schnittlauch bestreuen.

SCHWAMMERLSUPPE MIT KÜMMEL

ZUTATEN

1 Zwiebel

4 EL Öl

3/4 l Gemüsebrühe

1 kleines Lorbeerblatt

25 g getrocknete Steinpilze

150 g Sahne, 40 g Butter

Salz, gemahlener Kümmel

Cayennepfeffer, 1 EL Kümmel

500 g frische Pilze (z. B. Steinpilze, Pfifferlinge und Champignons)

Pfeffer aus der Mühle

einige Petersilienblättchen

1. Die Zwiebel schälen, klein würfeln und in einem Topf in 2 EL Öl glasig dünsten. Mit Gemüsebrühe auffüllen, das Lorbeerblatt dazugeben und die Zwiebel weich köcheln.

2. Die Trockenpilze zur Suppe geben und 20 Minuten ziehen lassen.

3. Das Lorbeerblatt aus der Brühe nehmen, die Suppe mit einem Stabmixer pürieren und durch ein Sieb passieren. Die Sahne dazugeben und die kalte Butter in Flöckchen hineinmixen. Mit Salz, einer Prise gemahlenem Kümmel und Cayennepfeffer abschmecken.

4. Die Kümmelkörner in einer Pfanne ohne Fett etwa 10 Minuten anrösten.

5. Die frischen Pilze putzen und zerkleinern. In einer Pfanne im restlichen Öl anbräunen, salzen und pfeffern.

6. Die angebratenen Pilze auf Suppentassen verteilen, die aufgeschäumte Suppe darüber gießen, mit dem gerösteten Kümmel bestreuen und mit Petersilienblättern garnieren.

SUPPEN & EINTÖPFE

KARTOFFELSUPPE MIT CHINAKOHL

ZUTATEN

1/2 Zwiebel, 1 Möhre, 50 g Knollensellerie

2 Kartoffeln (etwa 300 g)

3 EL Öl, 0,8 l Geflügelbrühe

1 kleines Lorbeerblatt

Salz, Pfeffer aus der Mühle

getrockneter Majoran

gemahlener Kümmel, Cayennepfeffer

2 Scheiben Knoblauch

80 g Sahne, 150 g Chinakohl

30 g Butter, 100 g durchwachsener Speck

frisch gemahlene Muskatnuss

1. Das Gemüse schälen und klein schneiden. Die Zwiebel in 2 EL Öl glasig anschwitzen. Das übrige Gemüse hinzufügen, mit der Brühe auffüllen, das Lorbeerblatt dazugeben und das Ganze in etwa 30 Minuten bei kleiner Hitze weich köcheln.

2. Mit Salz, Pfeffer, Majoran, Kümmel, Cayennepfeffer und Knoblauch würzen, das Lorbeerblatt entfernen. Die Sahne dazugeben und alles mit dem Stabmixer pürieren.

3. Den Chinakohl in Streifen schneiden. Die Butter erhitzen und leicht bräunen lassen, den Chinakohl darin anschwitzen, mit Salz und Pfeffer würzen.

4. Den Speck in kleine Würfel schneiden und im restlichen Öl kross anbraten. Auf einem Sieb abtropfen lassen.

5. Die Suppe erhitzen, mit Muskatnuss abschmecken und mit dem Stabmixer grob aufschäumen. Den Chinakohl in vorgewärmten Suppentellern verteilen, die Suppe dazugeben und die Grieben darüber streuen.

FEURIGER KARTOFFELEINTOPF MIT PUTENBRUST

ZUTATEN

2 Zwiebeln, 2 Möhren

200 g Knollensellerie

4 große Kartoffeln, 4 El Olivenöl

1 EL Tomatenmark, 3/4 l Geflügelbrühe

1 getrocknete Chilischote, 4 Lorbeerblätter

etwas Zitronenschale, 1 Knoblauchzehe

1 EL Pimentkörner

1 EL Pfefferkörner

350 g Putenbrust

frisch gehackte Petersilie zum Bestreuen

1. Das Gemüse putzen, schälen und klein schneiden. 2 EL Olivenöl erhitzen und das Gemüse andünsten. Zum Schluss das Tomatenmark dazugeben. Brühe und Chilischoten dazugeben und das Gemüse in etwa 30 Minuten gar kochen.

2. Nach 15 Minuten ein Lorbeerblatt, die Zitronenschale und den geschälten und gehackten Knoblauch zugeben.

3. Die restlichen Lorbeerblätter klein brechen, mit Piment- und Pfefferkörnern in eine Gewürzmühle geben.

4. Die Putenbrust in 2 cm große Würfel schneiden, salzen und die Gewürzmischung darüber mahlen. Die Würfel im restlichen Olivenöl bei milder Hitze rundherum anbraten. In den Eintopf geben und 5 Minuten darin ziehen lassen.

5. Den Eintopf auf vorgewärmte Teller geben und mit Petersilie bestreuen.

KÄSESUPPE MIT FENCHEL UND SPECK

ZUTATEN

1 Zwiebel, 3 EL Öl

50 ml trockener Weißwein

³/₄ l Gemüsebrühe

100 g kräftiger Blauschimmelkäse

1 kleine Knoblauchzehe

150 g Sahne

300 g geriebener Bergkäse

Salz, Cayennepfeffer

frisch geriebene Muskatnuss

gemahlener Kreuzkümmel

80 g durchwachsener Speck

¹/₂ kleine Fenchelknolle

1. Die Zwiebel schälen und in kleine Würfel schneiden, in einem Topf in 2 EL Öl glasig dünsten. Mit Weißwein ablöschen, einkochen lassen und mit Gemüsebrühe auffüllen. Etwa 10 Minuten köcheln lassen.

2. Den Blauschimmelkäse in kleine Stücke schneiden, Knoblauch schälen und klein hacken. Sahne, Blauschimmelkäse, Knoblauch und Bergkäse in die Suppe geben, alles mit dem Stabmixer pürieren. Mit Salz, Cayennepfeffer, Muskat und einer Prise Kreuzkümmel abschmecken. Die Suppe warm stellen, aber nicht mehr kochen lassen.

3. Den Speck in kleine Würfel schneiden. Den Fenchel putzen und ebenfalls würfeln. Die Speckwürfel in einer Pfanne im restlichen Öl anbraten, die Fenchelwürfel zugeben und glasig dünsten. Dann in einem Sieb abtropfen lassen.

4. Die Suppe vor dem Servieren noch einmal mit dem Stabmixer aufschäumen, in vorgewärmte Teller geben und mit den Speck- und Fenchelwürfeln garnieren.

RÄUCHERLACHSSUPPE MIT DILL

ZUTATEN

1 Zwiebel, 2 EL Öl

50 ml trockener Weißwein

1 l Gemüsebrühe

250 g Räucherlachs in Scheiben

100 g Sahne

Salz, Cayennepfeffer

1 Spritzer Zitronensaft

etwas unbehandelte Zitronenschale

1 EL frisch geschnittener Dill

4 Dillzweige zum Garnieren

1. Die Zwiebel schälen und in kleine Würfel schneiden. In einem Topf im Öl glasig dünsten. Mit dem Weißwein ablöschen und einkochen lassen. Mit Gemüsebrühe auffüllen und etwa 10 Minuten köcheln lassen.

2. 50 g Räucherlachs in kleine Würfel schneiden und als Suppeneinlage beiseite stellen. Den übrigen Lachs grob zerkleinern, in die Suppe geben und mit einem Stabmixer pürieren. Durch ein nicht zu feines Sieb passieren, die Sahne zugeben und mit Salz, Cayennepfeffer und Zitronensaft abschmecken. Die Zitronenschale kurz in der Suppe ziehen lassen.

3. Die Suppe vor dem Servieren noch einmal mit dem Stabmixer aufschäumen. Die Räucherlachswürfel und den Dill in vorgewärmten Tellern verteilen und die Suppe darüber geben. Mit Dillzweigen garnieren.

SUPPEN & EINTÖPFE

FISCHEINTOPF MIT CURRY

ZUTATEN

2 Möhren, 1 kleiner Zucchino

1 Selleriestange, 2 EL Butter

³/₄ l Gemüsebrühe

1 TL Curry

4 Garnelen

500 g gemischte Fischfilets

3 EL Olivenöl, Salz

80 g Sahne

2 Scheiben Knoblauch

Salz, Pfeffer aus der Mühle

1. Die Möhren schälen, vom Zucchino die Enden entfernen und mit dem gewaschenen Sellerie in Scheiben schneiden.

2. In einem Topf die Butter aufschäumen lassen, das Gemüse hinzufügen und bei milder Hitze anschwitzen. Mit Brühe auffüllen, mit Curry würzen und bissfest garen.

3. Die Garnelen schälen, die Fischfilets mundgerecht zerteilen. Im Olivenöl die Garnelen von beiden Seiten anbraten, auf Küchenpapier abtropfen lassen. Die Fischfilets 1 Minute in kochendem Salzwasser ziehen lassen und herausnehmen.

4. Die Currysuppe durch ein Sieb gießen und auffangen. Das Gemüse zum Fisch in eine Schüssel geben. Sahne und Knoblauch in die Suppe geben, mit Salz und Pfeffer abschmecken, mit dem Stabmixer aufschäumen und über Fisch und Gemüse geben. Vor dem Servieren kurz ziehen lassen.

ZITRONENSUPPE MIT MUSCHELN

ZUTATEN

1 Zwiebel, 100 g Lauch (den weißen Teil)

2 EL Olivenöl

50 ml Weißwein, 1 l Geflügelbrühe

100 g Crème fraîche, 40 g Butter

1 Spritzer Zitronensaft

Salz, Cayennepfeffer

Schale von ½ unbehandelten Zitrone

1 Thymianzweig

500 g Herzmuscheln

2 EL Butter, 1 Knoblauchzehe

Pfeffer aus der Mühle

1 EL Schnittlauchröllchen

1. Die Zwiebel schälen und in kleine Würfel schneiden. Den Lauch putzen, waschen und in Ringe schneiden.

2. Zwiebel und Lauch im Olivenöl anschwitzen. Mit Wein ablöschen, einkochen lassen und mit Brühe auffüllen, 10 bis 15 Minuten köcheln lassen.

3. Crème fraîche und die kalte Butter in Flöckchen zugeben, mit dem Stabmixer glatt pürieren. Mit Zitronensaft, Salz und Cayennepfeffer abschmecken, die Zitronenschale und den Thymianzweig dazugeben und ziehen lassen.

4. Die Muscheln gründlich waschen, geöffnete Exemplare aussortieren. Muscheln in kochendem Salzwasser einige Minuten garen, bis sie sich öffnen. Geschlossene Muscheln aussortieren, von den übrigen das Fleisch auslösen.

5. In einer Pfanne die Butter aufschäumen. Knoblauch schälen und halbieren. Muscheln und Knoblauch in die Butter geben und mit Salz und Pfeffer würzen.

6. Die Muscheln in vorgewärmte Suppenteller geben. Zitronenschale und Thymian aus der Suppe nehmen, dann mit dem Stabmixer aufschäumen. Die Suppe über das Muschelfleisch geben und mit Schnittlauch bestreuen.

TOMATENSUPPE MIT BASILIKUM-PARMESAN-NOCKERLN

ZUTATEN

1 Zwiebel

1 Möhre

1 kg vollreife Tomaten

4 EL Olivenöl

1 TL Tomatenmark

1 Lorbeerblatt, 1/2 l Geflügelbrühe

1 Knoblauchzehe

Salz, Pfeffer aus der Mühle, Zucker

Piment aus der Mühle

Zimt, Cayennepfeffer

3 Basilikumzweige

250 g gekochte, geschälte Kartoffeln

100 g Topfen (Quark)

1 Ei

1 Eigelb

50 g Grieß

50 g geriebener Parmesan

frisch geriebene Muskatnuss

3 EL Butter

frisch gehobelter Parmesan und Basilikumblätter zum Garnieren

1. Zwiebel und Möhre schälen und in kleine Würfel schneiden. Von den Tomaten den Stielansatz entfernen und klein schneiden.

2. Die Zwiebelwürfel in einem Topf in 2 EL Öl glasig anschwitzen. Die Möhren und das Tomatenmark dazugeben und mitandünsten. Anschließend die Tomaten und das Lorbeerblatt zugeben und mit der Brühe aufgießen. Auf kleiner Stufe 30 Minuten köcheln lassen.

3. Das Lorbeerblatt aus der Suppe nehmen, den Knoblauch schälen, in kleine Würfel schneiden und zur Suppe geben. Die Suppe mit dem Pürierstab glatt mixen und durch ein grobes Sieb passieren. Mit Salz, Pfeffer, Zucker, Piment, Zimt und Cayennepfeffer herzhaft abschmecken.

4. Die Basilikumblätter von den Stielen zupfen, die Stiele in der Suppe ziehen lassen und die Blätter klein schneiden. Die Kartoffeln durch eine Kartoffelpresse drücken und mit Topfen, Ei und Eigelb, Grieß, Parmesan und Basilikumblättern zu einem glatten Teig verarbeiten. Mit Salz, Pfeffer und Muskat würzen.

5. Mithilfe von zwei feuchten Esslöffeln Nockerln formen, in siedendes Salzwasser geben und 10 Minuten ziehen lassen. Mit einer Schaumkelle herausheben und auf Küchenpapier abtropfen lassen.

6. In einer Pfanne bei milder Hitze die Butter aufschäumen, das restliche Öl zugeben und die Nockerln darin rundherum anbräunen.

7. Die Basilikumstiele aus der Suppe nehmen. Die Suppe auf vorgewärmte Teller verteilen und die Basilikum-Parmesan-Nockerln hineinsetzen. Mit frisch gehobeltem Parmesan und Basilikumblättern garnieren.

Safran-Gemüsesuppe mit Topfenpflanzerl

Zutaten

250 g Topfen (Quark), 50 g saure Sahne

1 Ei, 70 g Weißbrotbröseln

2 EL frisch geschnittene gemischte Kräuter

2 EL braune Butter, Salz, Pfeffer aus der Mühle

frisch geriebene Muskatnuss

50 g Semmelbrösel, 2 Möhren

200 g Teltower Rübchen, 200 g Knollensellerie

1 Zwiebel, 200 g junger Wirsing

½ dünne Lauchstange, 5 EL Öl

½ TL Tomatenmark, 10 Safranfäden

¾ l Gemüsebrühe, Cayennepfeffer

je 1 Msp Knoblauch und Ingwer (gehackt)

1. Für die Topfenpflanzerl den Quark in einem feinmaschigen Tuch einen Tag im Kühlschrank abtropfen lassen. Dann den Topfen mit saurer Sahne, Ei, Weißbrotbröseln, Kräutern und der braunen Butter zu einem festen, glatten Teig verarbeiten. Mit Salz, Pfeffer und Muskat würzen. Mit nassen Händen kleine Pflanzerl formen, in den Semmelbröseln wenden.

2. Möhren, Rübchen und Sellerie schälen und in Rauten schneiden. Die Zwiebel schälen und klein schneiden. Den Wirsing klein schneiden, in Salzwasser blanchieren. Den Lauch putzen und waschen, in Ringe schneiden.

3. In einem Topf in 2 EL Öl das übrige Gemüse bei milder Temperatur glasig anschwitzen. Das Tomatenmark hineinrühren, noch kurz mitdünsten, die Safranfäden und den Wirsing dazugeben und mit Gemüsebrühe aufgießen. Bei schwacher Hitze sanft köcheln lassen, bis das Gemüse bissfest ist. Mit Salz, Cayennepfeffer, Knoblauch und Ingwer abschmecken.

4. Im übrigen Öl die Topfenpflanzerl von beiden Seiten goldbraun braten und in der Gemüsesuppe servieren.

SUPPEN & EINTÖPFE

SCHWARZWURZELSUPPE MIT GERÖSTETEM ANIS

ZUTATEN

2 Schalotten

500 g Schwarzwurzeln

2 EL Öl

3/4 l Geflügelbrühe

100 g Sahne, 3 EL Butter

Salz, Cayennepfeffer

frisch geriebene Muskatnuss

1 EL Anis

Kerbelblättchen zum Garnieren

1. Die Schalotten schälen und in kleine Würfel schneiden. Die Schwarzwurzeln unter fließendem Wasser gründlich abbürsten, schälen und klein schneiden.

2. Die Schalottenwürfel im Öl glasig dünsten, die Schwarzwurzeln hinzufügen und anschwitzen. Die Geflügelbrühe angießen und 20 Minuten bei kleiner Hitze köcheln lassen, bis das Gemüse weich ist.

3. Den Backofen auf 170 °C vorheizen. Die Gemüsemischung mit dem Stabmixer glatt pürieren, die Sahne zugeben und die kalte Butter in kleinen Flöckchen untermixen. Mit Salz, Cayennepfeffer und Muskat würzen.

4. Den Anis im Ofen auf einem Blech ohne Fett in etwa 8 Minuten kross rösten. Die Suppe in vorgewärmte Teller geben, mit dem Anis bestreuen und mit Kerbel garnieren.

GRAUPENSUPPE

ZUTATEN

125 g Perlgraupen

1 Zwiebel

1 Lorbeerblatt, 1 Nelke

1 l Geflügelbrühe

1 dünne Lauchstange, 2 Möhren

120 g Knollensellerie

etwas unbehandelte Zitronenschale

1 Liebstöckelblatt

4 EL Butter

frisch geriebene Muskatnuss

Salz, Pfeffer aus der Mühle

100 g gut durchwachsener Speck

1 EL Öl, 1 EL Schnittlauchröllchen

1. Die Graupen waschen, abtropfen lassen und über Nacht in Wasser einweichen.

2. Die Zwiebel schälen. Das Lorbeerblatt mit der Nelke auf die Zwiebel stecken. Die Graupen und die gespickte Zwiebel in die heiße Brühe geben und 45 Minuten ziehen lassen.

3. Den Lauch putzen und waschen, die Möhren und den Sellerie schälen. Alles in kleine Würfel schneiden.

4. Nachdem die Graupen 30 Minuten gezogen sind, die Möhren- und Selleriewürfel, einige Minuten später Lauch, Zitronenschale und Liebstöckel dazufügen.

5. Sobald die Graupen weich werden, die gespickte Zwiebel, Zitronenschale und Liebstöckel aus der Brühe nehmen. Einen Teil der Suppe durch ein Sieb gießen. Die kalte Butter in kleinen Flöckchen mit dem Stabmixer unter die abgeseihte Suppe rühren. Wieder zur restlichen Graupensuppe zurückgeben und mit Muskat, Salz und Pfeffer abschmecken.

6. Den Speck in kleine Würfel schneiden und in Öl kross anbraten. Mit dem Schnittlauch über die Suppe streuen.

KALBSLÜNGERL MIT WACHTELSPIEGELEI

ZUTATEN

400 g Kalbslunge (küchenfertig)

300 g Kalbsherz (küchenfertig)

Salz, 2 Zwiebeln, 2 Lorbeerblätter

2 Nelken, 1 Beifußzweig

2 Knoblauchzehen

1/2 TL schwarze Pfefferkörner

4 Wacholderbeeren

3–4 EL Rotweinessig

etwas unbehandelte Zitronenschale

2 Möhren

120 g Knollensellerie

1 TL Puderzucker

1 EL Öl

1 TL Tomatenmark

1 TL Paprika edelsüß

1/2 l Kalbsfond

150 ml Einlegefond von Gewürzgurken

1 EL Speisestärke

1 mittelgroße Gewürzgurke

100 g Sahne

1 EL frisch geschnittener Majoran

1 TL scharfer Senf

Salz, Pfeffer aus der Mühle

1 EL Butter

4 Wachteleier

frisch geschnittene Petersilie zum Bestreuen

1. Lunge und Herz 1 Stunde in kaltes Wasser legen. Das Wasser zwischendurch erneuern.

2. Dann die Innereien in einen Topf geben, mit Wasser knapp bedecken und salzen. Zugedeckt in etwa 1 1/2 Stunden bei schwacher Hitze weich köcheln lassen. Aufsteigenden Schaum dabei mit einer Kelle abnehmen und so viel Brühe dazugießen, dass die Innereien knapp bedeckt sind.

3. Die Zwiebeln schälen, ein Lorbeerblatt mit einer Nelke auf einer Zwiebel feststecken. Nach 1 Stunde Kochzeit die gespickte Zwiebel, Beifuß, 1 ungeschälte Knoblauchzehe, die Pfefferkörner, 2 Wacholderbeeren und 2 EL Essig zu den Innereien geben und noch 30 Minuten kochen.

4. Den Sud durch ein Sieb abgießen und auffangen. Die Innereien im Sud auskühlen lassen, dabei kräftig beschweren. Das ausgekühlte Fleisch in feine Streifen schneiden.

5. 1 Lorbeerblatt mit 1 Nelke, 1 ungeschälten Knoblauchzehe, 2 Wacholderbeeren und der Zitronenschale in ein kleines Mulltuch binden. Die übrige Zwiebel, die Möhren und den Knollensellerie schälen und würfeln.

6. In einem Topf den Puderzucker bernsteinfarben karamellisieren. Die Gemüsewürfel darin mit Öl glasig anschwitzen. Das Tomatenmark hineinrühren, den Paprika darüber stäuben und den Kalbsfond mit dem Gurkenwasser angießen. Das Gewürzsäckchen einlegen und das Gemüse etwa 20 Minuten weich köcheln lassen.

7. Die Speisestärke mit etwas kaltem Wasser glatt rühren, in den Fond rühren und 2 Minuten mitköcheln lassen. Das Gewürzsäckchen entfernen.

8. Die Gewürzgurke in feine Streifen schneiden und mit den Fleischstreifen in die Sauce geben. Die Sahne zufügen und mit Essig, Majoran, Senf, Salz und Pfeffer würzen.

9. In einer Pfanne die Butter mit einer Prise Salz aufschäumen lassen. Die Wachteleier mit einem Sägemesser einritzen, vorsichtig öffnen und in die Pfanne gleiten lassen. Bei schwacher Hitze stocken lassen.

10. Die Innereien in vorgewärmte Teller verteilen, mit Petersilie bestreuen und die Wachtelspiegeleier darauf anrichten. Dazu passen Semmelknödel. Nach Geschmack das Lüngerl noch mit Kapern und Sardellen verfeinern.

FLEISCH & GEFLÜGEL

KRÄUTERHENDL AUF SCHMORGEMÜSE

ZUTATEN

2 Möhren, 2 Zwiebeln, 150 g Knollensellerie

1 Masthähnchen

Kräuterblätter für die Haut (z. B. Beifuß
Salbei, Petersilie)

Salz, Pfeffer aus der Mühle

1 Sträußchen Petersilie, 3 Zitronenscheiben

5 Knoblauchzehen

2 EL Öl

80 ml Weißwein

150 ml Geflügelbrühe

1 ganze, möglichst junge Knoblauchknolle

1. Das Gemüse schälen und in 1 cm große Würfel schneiden.

2. Vom Hähnchen die Innereien entfernen und innen und außen waschen und trockentupfen. Mithilfe eines Esslöffelstiels vom Hals her die Brusthaut vom Fleisch lösen. Die Kräuterblätter auf das Brustfleisch legen und die Haut straff darüber ziehen.

3. Das Geflügel innen und außen salzen und pfeffern. In die Bauchhöhle die Petersilie, Zitronenscheiben und ungeschälten Knoblauchzehen geben. Backofen auf 150 °C vorheizen.

4. In einem Schmortopf im Öl das Gemüse anschwitzen, mit Weißwein ablöschen und die Brühe angießen. Das Hähnchen darauf setzen und im Ofen zugedeckt 30 Minuten garen. Deckel abnehmen, die Knoblauchknolle quer halbiert zum Gemüse geben und das Geflügel in weiterer 30 Minuten goldbraun braten. In den letzten 10 Minuten die Temperatur auf 200 °C erhöhen.

POULARDE AUS DEM PFEFFERTOPF

ZUTATEN

1 Poularde

Salz

2 EL grob geschroteter Pfeffer

400 g Möhren

2 Selleriestangen

1 Bund Frühlingszwiebeln

8 EL Olivenöl

1/8 l trockener Weißwein

1/8 l Geflügelbrühe

1. Die Poularde innen und außen waschen, trockentupfen, salzen und mit Pfeffer einreiben. Die Möhren schälen und schräg in dünne Scheiben schneiden. Die Selleriestangen waschen und in Scheiben schneiden. Die Frühlingszwiebeln putzen, das Grün in Ringe schneiden und zum Garnieren beiseite legen, die weißen Zwiebeln längs halbieren.

2. Den Backofen auf 150 °C vorheizen. In einem Schmortopf im heißen Öl die Poularde rundherum anbraten. Das Gemüse zugeben und mitanschwitzen. Wein und Brühe angießen, 30 Minuten zugedeckt im Ofen schmoren lassen.

3. Den Deckel abnehmen und weitere 30 Minuten schmoren lassen. Die Temperatur auf 200 °C erhöhen und das Geflügel darin in 10 Minuten kross braten.

4. Die Sauce abgießen und noch etwas einkochen lassen. Das Geflügel tranchieren und mit dem Gemüse und der Sauce anrichten. Mit den Frühlingszwiebelringen bestreuen.

FLEISCH & GEFLÜGEL

BACKHENDL AUF KARTOFFEL-BRUNNENKRESSE-SALAT

ZUTATEN

750 g Kartoffeln, Salz, 1 TL Kümmel

150 ml Geflügelbrühe, 3 EL Rotweinessig

2 TL mittelscharfer Senf, 3 EL Öl

Pfeffer aus der Mühle, Zucker

50 g Brunnenkresse

4 Hähnchenbrüste (ohne Haut)

50 g doppelgriffiges Mehl (Wiener Griessler)

2 Eier, 50 g Semmelbrösel

1 TL Garam masala

Öl zum Backen, 1 EL Butter

1. Die Kartoffeln waschen und in Salzwasser mit Kümmel weich kochen. Das Wasser abgießen, die Kartoffeln möglichst heiß schälen und in Scheiben schneiden.

2. Die heiße Brühe mit Essig und Senf verrühren und über die Kartoffelscheiben gießen. Das Öl hinzufügen und mit Salz, Pfeffer und einer Prise Zucker herzhaft würzen. Die Brunnenkresse gründlich waschen, die Blätter von den Stielen zupfen und in den Salat mischen.

3. Die Hähnchenbrüste mit Salz und Pfeffer würzen. In Mehl wenden, in die verquirlten Eier tauchen und zuletzt in den mit Garam masala vermischten Semmelbröseln wenden. Die Panade leicht abklopfen, aber nicht andrücken.

4. In eine tiefe Pfanne 1 1/2 cm hoch Öl einfüllen und nicht zu stark erhitzen. Die Geflügelbrüste darin von beiden Seiten goldbraun backen. Zum Schluss die Butter darin aufschäumen lassen. Die Hähnchenbrüste auf Küchenpapier abtropfen lassen und mit dem Kartoffel-Kresse-Salat anrichten.

PUTENKEULE MIT KURKUMA

ZUTATEN

3 Zwiebeln

1 Putenkeule

Salz, Pfeffer aus der Mühle

Kurkuma, 7 EL Öl

1 TL Puderzucker, 1/4 l Geflügelbrühe

1 Zacken Sternanis, 2 Scheiben Ingwer

1/4 l ungesüßte Kokosmilch

1 Knoblauchzehe

1 Streifen unbehandelte Zitronenschale

Cayennepfeffer

1 Spritzer Zitronensaft

1. Die Zwiebeln schälen und würfeln. Die Putenkeule enthäuten, mit Salz, Pfeffer und Kurkuma würzen. Die Haut in Würfel schneiden und in 3 EL Öl kross braten. Auf Küchenpapier abtropfen lassen, salzen. Backofen auf 150 °C vorheizen.

2. In einem Bräter im übrigen Öl die Keule rundherum sanft anbraten. Herausnehmen, die Zwiebeln ins Bratfett geben, mit Puderzucker bestäuben und anschwitzen. Das Fett abgießen, Keule und Brühe hinzufügen und alles zugedeckt im Ofen 1 1/2 Stunden schmoren. Nach 1 Stunde Sternanis und Ingwer dazugeben.

3. Keule und Gewürze herausnehmen, Keule tranchieren und warm halten. Kokosmilch und Knoblauch in den Sud geben und pürieren. Zitronenschale 2 Minuten darin ziehen lassen, mit Salz, Cayennepfeffer, Kurkuma und Zitrone würzen.

4. Das Keulenfleisch mit der Kurkumasauce anrichten und mit den Hautgrieben bestreuen.

Fasanenbrust auf weisser Pfeffersauce

Zutaten

1 EL schwarze und weiße Pfefferkörner

Öl zum Anrösten

1 Möhre, 80 g Knollensellerie

1 Zwiebel, 80 g Champignons

1 TL Puderzucker

2 cl Cognac, 50 ml Weißwein

1/4 l Geflügelbrühe

100 g Sahne, 1 Lorbeerblatt

1 Knoblauchzehe, 3 EL Butter

4 Fasanenbrüste, Salz, Pfeffer aus der Mühle

2 EL Öl, 1 EL Butter

1. Die Pfefferkörner grob zerstoßen, in einem feinen Sieb den Pfefferstaub absieben. Den Pfefferschrot in nicht zu heißem Öl kurz anrösten. Im Sieb abtropfen lassen.

2. Das Gemüse schälen und klein schneiden. Die Champignons putzen und zerkleinern. In einem Topf den Puderzucker hell karamellisieren. Pfefferschrot und das Gemüse hineinrühren und glasig anschwitzen. Mit Cognac und Wein ablöschen, mit Brühe auffüllen. Die Sahne angießen und 15 Minuten einkochen lassen.

3. Lorbeerblatt und ungeschälten Knoblauch dazugeben und darin ziehen lassen. Durch ein Sieb gießen und die kalte Butter in Flöckchen in die Sauce mixen.

4. Die Fasanenbrüste salzen und pfeffern. Im heißen Öl die Butter aufschäumen, Fleisch in 5 bis 6 Minuten von beiden Seiten ganz sanft braten, damit die Butter nicht verbrennt.

5. Die Fasanenbrüste auf der Pfeffersauce anrichten.

Ente mit Essigzwetschgen

Zutaten

500 g Zwetschgen, 1 EL Rotweinessig

50 g brauner Zucker, Fünfgewürzpulver

1 EL Butter, 2 cl Zwetschgenwasser

1 Bauernente (etwa 2,5 kg)

500 g Kalbsknochen

Öl fürs Blech

Salz, Pfeffer aus der Mühle

1 kleiner Apfel, 1 kleine Zwiebel

5 Petersilienzweige, 1 TL getrockneter Majoran

1 Möhre, 1 Zwiebel, 120 g Knollensellerie

2 EL Öl, 1 TL Tomatenmark, 1/4 l Geflügelbrühe

2 Scheiben Ingwer

1. Zwetschgen halbieren und entkernen. Essig mit Zucker und etwas Fünfgewürzpulver mischen, die Zwetschgen 30 Minuten darin marinieren. Abgießen, die Marinade auffangen. Butter aufschäumen, die Zwetschgen andünsten und mit der Marinade ablöschen. Schnaps zugeben und ziehen lassen.

2. Den Backofen auf 200 °C vorheizen. Die Flügel der Ente abtrennen, mit dem Hals und den Kalbsknochen klein hacken und auf einem geölten Blech in 30 Minuten bräunen lassen. Die Ente innen und außen salzen und pfeffern. Apfel, Zwiebel und Petersilie grob zerkleinern, mit Majoran würzen. Die Ente damit füllen, Öffnung mit Holzspießchen verschließen.

3. Gemüse schälen und würfeln. Knochen in einem Bräter im Öl andünsten und das Gemüse mitschwitzen. Tomatenmark unterrühren, mit Brühe auffüllen. Die Ente darauf legen und 2 1/2 Stunden bei 160 °C braten. Ab und zu mit Bratensaft begießen. Nach 2 Stunden den Ingwer dazugeben.

4. Die Ente herausnehmen und warm stellen. Den Bratensaft abgießen und entfetten. Mit den Zwetschgen anrichten.

Kaninchenfilets auf gebratenem Fenchel

Zutaten

1 Zwiebel, 4 Champignons, 6 EL Olivenöl

50 ml Weißwein, 200 ml Geflügelbrühe

50 g Sahne, 3 EL Butter

1 Spritzer Zitronensaft

Cayennepfeffer, 1 Fenchel

150 g kleine Austernpilze

Salz, Pfeffer aus der Mühle

500 g Blattspinat, 1 EL Butter

1 Knoblauchzehe

frisch geriebene Muskatnuss

8 Kaninchenrückenfilets

3 TL Gewürzfenchel

1. Die Zwiebel in kleine Würfel, die Champignons klein schneiden. In 2 EL Öl anschwitzen. Mit Wein ablöschen und einkochen lassen. Die Brühe angießen und 10 Minuten leicht köcheln lassen. Die Sahne hinzufügen, mit dem Stabmixer glatt rühren und durch ein Sieb passieren. Die Butter hineinmixen, mit Zitrone und Cayennepfeffer abschmecken.

2. Den Fenchel putzen, waschen und in Scheiben schneiden, sodass der Strunk die Blätter noch zusammenhält. Das Fenchelgrün beiseite legen. Die Fenchelscheiben mit den Austernpilzen in 2 EL Öl von beiden Seiten anbraten. Auf Küchenpapier abtropfen lassen, salzen und pfeffern.

3. Spinat waschen und abtropfen lassen. Die Butter mit dem ungeschälten Knoblauch aufschäumen. Den Spinat darin zusammenfallen lassen, mit Salz, Pfeffer und Muskat würzen.

4. Die Kaninchenfilets salzen, pfeffern und mit Fenchel bestreuen. Die Filets im übrigen Öl etwa 8 Minuten braten.

5. Das Gemüse anrichten, die Kaninchenfilets darauf legen und die Sauce darüber verteilen. Mit Fenchelgrün garnieren.

FLEISCH & GEFLÜGEL

KANINCHENKEULEN MIT GESCHMORTEN ARTISCHOCKEN

ZUTATEN

400 g Schalotten, 400 g Kartoffeln

250 g Artischockenböden (aus dem Glas)

4 Kaninchenkeulen

Salz, Pfeffer und Piment aus der Mühle

3 EL Olivenöl, 1/8 l Geflügelbrühe

2 Knoblauchzehen

1 Chilischote, 1 Lorbeerblatt

300 g Kirschtomaten

1 EL frisch geschnittener Oregano, 3 EL Butter

1. Die Schalotten schälen und halbieren. Die Kartoffeln schälen und würfeln. Artischocken in Spalten schneiden.

2. Backofen auf 150 °C vorheizen. Die Kaninchenkeulen mit Salz, Pfeffer und Piment würzen. In einem Bräter im Öl anbraten und herausnehmen. Schalotten und Kartoffeln darin anschwitzen, salzen und pfeffern. Brühe angießen und die Kaninchenkeulen darauf setzen. 1 Stunde im Ofen garen.

3. Nach 30 Minuten die ungeschälten Knoblauchzehen, die entkernte Chilischote und das Lorbeerblatt dazugeben und die Keulen umdrehen. Kurz vor Ende der Garzeit Tomaten und Artischocken mit Oregano dazugeben, abschmecken.

4. Den Schmorsud abgießen und mit der Butter aufmixen. Keulen auf dem Gemüse anrichten und Sauce darüber geben.

REHKEULE IN WACHOLDER-QUITTEN-RAHM

ZUTATEN

2 Zwiebeln, 1 Möhre, 150 g Knollensellerie

1 Rehkeule

2 Lorbeerblätter, 1 TL Piment

1 EL Pfefferkörner, 1 1/2 EL Wacholderbeeren

Salz, 3 EL Öl, 1 EL Tomatenmark

4 cl Cognac, 4 cl roter Portwein

1/4 l kräftiger Rotwein

1/2 l Geflügelbrühe

2 Knoblauchzehen, 2 Thymianzweige

100 g Sahne

2 EL Quittengelee

Pfeffer aus der Mühle

1. Das Gemüse schälen und zerkleinern. Von der Rehkeule den Knochen abtrennen, klein hacken. Lorbeer, Piment, Pfeffer und 1 EL Wacholderbeeren in eine Gewürzmühle geben.

2. Den Backofen auf 150 °C vorheizen. Die Rehkeule salzen und aus der Mühle würzen. In einem Bräter im Öl anbraten. Herausnehmen und die Knochen anbräunen. Tomatenmark hineinrühren, kurz mitbraten und mit Cognac und Portwein ablöschen. Nach und nach den Rotwein angießen und immer wieder einkochen lassen. Das Gemüse hinzufügen und die Brühe angießen. Die Keule darauf setzen, zudecken und im vorgeheizten Ofen 1 1/2 bis 2 Stunden schmoren. 30 Minuten vor Garzeitende 1/2 EL angedrückte Wacholderbeeren, ungeschälten Knoblauch und Thymian dazugeben.

3. Die Keule warm stellen, Sauce auf ein Sieb gießen. Das Gemüse dabei ein wenig durchdrücken. Falls nötig, noch etwas einkochen lassen. Die Sahne angießen, das Quittengelee einrühren und mit Salz und Pfeffer abschmecken. Die Rehkeule tranchieren und mit der Sauce anrichten.

FLEISCH & GEFLÜGEL

WILDRAGOUT

ZUTATEN

1 Möhre, 150 g Knollensellerie, 1 Zwiebel

750 g Wildfleisch aus der Schulter
(Hirsch oder Reh)

1 TL schwarze Pfefferkörner, 2 Thymianzweige

1 Lorbeerblatt, 3 Wacholderbeeren

³/₄ l kräftiger Rotwein, 2 EL Rotweinessig

Salz, 4 EL Öl, 1 TL Tomatenmark

¹/₈ l Geflügelbrühe, 1 TL Fünfgewürzpulver

2 cl Gin

100 g durchwachsener Räucherspeck

Pfeffer aus der Mühle

50 g Weißbrotwürfel

1. Das Gemüse schälen und klein schneiden. Das Fleisch in 2 cm große Würfel schneiden und mit Pfeffer, Thymian, Lorbeerblatt, den angedrückten Wacholderbeeren und dem Gemüse in eine Schüssel geben. Rotwein und Essig darüber gießen. Zugedeckt an einem kalten Ort 2 Tage ziehen lassen.

2. Auf ein Sieb geben, abtropfen lassen und das Fleisch trockentupfen und etwas salzen. Die Fleischstücke in 2 EL Öl anbraten. Das Gemüse hinzufügen, kurz mitdünsten, das Tomatenmark einrühren und mit Brühe und etwas Marinade aufgießen. Gut 1 Stunde mehr ziehen als köcheln lassen.

3. Die Fleischstücke herausnehmen und das Gemüse mit dem Schmorsud durch ein Sieb passieren. Das Fleisch wieder zurück in die Sauce geben und mit Fünfgewürzpulver, Salz und Gin abschmecken. Noch 10 Minuten ziehen lassen.

4. Den Speck in breite Streifen schneiden. In einer Pfanne im restlichen Öl kross anbraten, leicht salzen und pfeffern. Die Weißbrotwürfel darin ebenfalls knusprig braten. Das Wildragout mit Speck und den Croûtons bestreuen.

REHRÜCKEN MIT RHABARBER-CHUTNEY

ZUTATEN

400 g Rhabarber, 200 g Äpfel

1 große Zwiebel

¹/₈ l Apfelessig, ¹/₈ l Apfelsaft

150 g brauner Zucker, Salz

50 g Rosinen, 1 EL gehackter Ingwer

Piment aus der Mühle

500 g Rehrücken (ohne Knochen und Sehnen)

Pfeffer aus der Mühle

3 EL Öl

1. Rhabarber, Äpfel und Zwiebel schälen und in kleine Würfel schneiden.

2. Apfelessig mit Apfelsaft und braunem Zucker einmal aufkochen. Die Rhabarber-, Apfel- und Zwiebelwürfel hinzufügen, salzen und 20 bis 30 Minuten bei milder Hitze einköcheln lassen. Rosinen und Gewürze hineinrühren und einige Stunden durchziehen lassen.

3. Den Backofen auf 90 °C vorheizen. Den Rehrücken mit Salz und Pfeffer würzen. In einer Pfanne das Öl erhitzen. Den Rehrücken darin rundherum anbraten. Auf ein Gitter mit Abtropfblech legen und etwa 30 Minuten im vorgeheizten Ofen braten.

4. Den Rehrücken schräg in 1 bis 1 ¹/₂ cm dicke Scheiben schneiden und mit dem Rhabarber-Chutney anrichten.

LAMMKOTELETTS MIT SALBEI

ZUTATEN

2 EL Salbeiblätter

1 Knoblauchzehe

2 EL Olivenöl

500 g Lammkoteletts

Salz, Pfeffer aus der Mühle

2 EL Öl

1. Die Salbeiblätter waschen, trockentupfen und klein schneiden. Die Knoblauchzehe schälen und klein schneiden.

2. Die Salbeiblätter mit Knoblauch und Olivenöl in einem elektrischen Blitzhacker zu feinem Salbeiöl verarbeiten.

3. Die Lammkoteletts mit dem Handballen flach drücken. Mit Salz und Pfeffer würzen und mit Salbeiöl bestreichen.

4. In einer Pfanne bei milder Temperatur das Öl erhitzen und die Lammkoteletts darin von beiden Seiten anbraten. Die Pfanne vom Herd nehmen und das Fleisch rosa durchziehen lassen.

5. Auf Küchenpapier abtropfen lassen, auf eine vorgewärmte Platte legen und kleine Papierhütchen auf die Kotelettknochen stecken. Dazu passt Bohnensalat mit saurer Sahne.

LAMMCURRY

ZUTATEN

750 g Lammfleisch aus der Keule, Salz

1 TL schwarze Pfefferkörner

1 TL Korianderkörner, 1 TL Kreuzkümmel

1 kleines Stück Zimtstange

1 Lorbeerblatt, 2 Zwiebeln

3 EL Öl, 2 TL Tomatenmark

800 ml Geflügelbrühe

400 g reife Tomaten

3 TL Curry, 1 Knoblauchzehe

1/2 TL gehackter Ingwer

80 g Vollmilchjoghurt

1 EL frisch geschnittene Petersilie

1 EL frisch geschnittener Koriander

1. Das Lammfleisch in Würfel schneiden und salzen.

2. Alle Gewürze in eine Mühle füllen, eventuell vorher zerbröseln, und die Lammfleischwürfel damit würzen. Die Zwiebeln schälen und in kleine Würfel schneiden.

3. In einem Schmortopf im Öl die Fleischwürfel anbraten. Die Zwiebeln hinzufügen und darin mitschwitzen lassen, bis sie glasig sind. Das Tomatenmark hineinrühren und mit Brühe auffüllen.

4. Mindestens 1 1/4 Stunden bei geringer Hitze schmoren lassen, bis das Fleisch weich ist. Dabei häufig umrühren.

5. Die Tomaten überbrühen, enthäuten, vierteln, entkernen und das Fruchtfleisch in Stücke schneiden. Nach 45 Minuten die Tomatenstücke mit dem Curry in das Schmorgericht rühren.

6. Die Knoblauchzehe schälen, hacken und mit dem gehackten Ingwer unter den Joghurt rühren. Kurz vor Garzeitende in das Lammcurry rühren, noch einige Minuten ziehen lassen und mit den Kräutern bestreuen.

FLEISCH & GEFLÜGEL

GLASIERTE KALBSHAXE MIT KIRSCHTOMATEN

ZUTATEN

1 getrocknete Chilischote, 2 Lorbeerblätter

1 EL schwarze Pfefferkörner

1 TL Pimentkörner

1 Möhre, 1 Zwiebel, 120 g Knollensellerie

1 Kalbshaxe, Salz

6 EL Olivenöl, 1 TL Tomatenmark

$1/8$ l Geflügelbrühe, 3 Rosmarinzweige

50 g Butter, 1 TL Honig

Pfeffer aus der Mühle

1 Bund Rucola, 500 g Kirschtomaten

1 Knoblauchzehe, 2 EL Butter

1. Chilischote und Lorbeerblätter zerkleinern und mit Pfeffer und Piment in eine Gewürzmühle füllen. Gemüse schälen und klein schneiden. Backofen auf 150 °C vorheizen.

2. Kalbshaxe salzen und aus der Mühle würzen. In einem Bräter in 4 EL Öl rundherum anbraten, das Gemüse mitschwitzen, Tomatenmark hinzufügen. Die Brühe angießen und im vorgeheizten Ofen 2 $1/2$ Stunden braten, öfters mit der Sauce übergießen. Nach 2 Stunden Rosmarin dazugeben.

3. Die Butter mit dem Honig und 5 EL Bratensaft schmelzen lassen. Mit Pfeffer und einer Prise Salz würzen. Die Kalbshaxe damit kurz vor Ende der Garzeit öfters bepinseln.

4. Den Rucola putzen, waschen, abtropfen lassen und klein schneiden. Die Tomaten halbieren und in einer Pfanne im übrigen Olivenöl mit der geschälten Knoblauchzehe anschwitzen. Den Rucola hinzufügen und mit Salz und Pfeffer würzen. Zuletzt die kalte Butter in Flöckchen dazugeben.

5. Die Haxe tranchieren und mit den Tomaten anrichten.

KALBSRÜCKEN MIT KRÄUTERKRUSTE

ZUTATEN

1 kg Kalbsrücken, Salz

Pfeffer und Piment aus der Mühle, 3 EL Öl

125 g Butter, 1 TL frisch geriebener Parmesan

je 1 TL frisch geschnittener Rosmarin, Thymian, Bohnenkraut

2 EL frisch geschnittene Petersilie

$1/2$ Knoblauchzehe, 60 g Weißbrotbrösel

je $1/2$ rote und gelbe Paprikaschote

100 g saure Sahne, 50 g Crème fraîche

50 g Sahne, Cayennepfeffer

1 Spritzer Zitronensaft

1. Den Kalbsrücken mit Salz, Pfeffer und Piment würzen. In einer Pfanne im Öl rundherum anbraten. Auf ein Gitter mit Abtropfblech geben und im vorgeheizten Backofen bei 90 °C auf der mittleren Schiene in etwa 50 Minuten rosa braten.

2. Währenddessen die Butter schaumig rühren. Parmesan mit Kräutern, gehacktem Knoblauch und Brotbröseln hinzufügen und mit Salz und Pfeffer würzen.

3. Für die Sauce die Paprika in kleine Würfel schneiden. Saure Sahne mit Crème fraîche und Sahne verrühren, Paprika dazugeben. Mit Salz, Cayennepfeffer und Zitrone würzen.

4. Die Kräuterbutter mit einem Löffel rasch auf dem Kalbsrücken verteilen. Sofort unter dem vorgeheizten Grill goldbraun überbacken.

5. Den gratinierten Kalbsrücken in Scheiben schneiden und mit der kalten Paprikasauce servieren.

FLEISCH & GEFLÜGEL

KALBSROULADEN AUF SPINAT UND MOZZARELLA

ZUTATEN

250 g Champignons, 1 Knoblauchzehe

100 g gekochter Schinken, 6 EL Öl

Salz, Pfeffer und Piment aus der Mühle

1 EL frisch geschnittene Petersilie

8 kleine Kalbsschnitzel (je 70–80 g)

125 ml Gemüsebrühe

750 g Blattspinat

1 kleine Zwiebel

150 g Sahne

5 EL Butter

frisch geriebene Muskatnuss

250 g Kirschtomaten

200 g Mozzarella

1. Pilze und geschälten Knoblauch klein hacken, Schinken in kleine Würfel schneiden. Die Pilze in 2 EL Öl anbraten. Die Schinkenwürfel und den Knoblauch dazugeben und mit Salz, Pfeffer und Piment würzen. Petersilie hinzufügen.

2. Die Schnitzel mit Salz und Pfeffer würzen, die Pilzmasse darauf streichen, aufrollen und mit Holzspießchen feststecken. Rouladen in 3 EL Öl anbraten, 80 ml Brühe angießen und zugedeckt etwa 30 Minuten schmoren. Herausnehmen, die Sauce einkochen und die Kalbsrouladen darin glasieren.

3. Den Spinat waschen, in Salzwasser blanchieren. In Eiswasser abschrecken, gut ausdrücken und klein schneiden.

4. Die Zwiebel schälen und klein würfeln. Im übrigen Öl glasig anschwitzen. Die übrige Brühe dazugeben, auf die Hälfte einkochen lassen. Sahne, 3 EL Butter und Spinat dazugeben, im Mixer grob pürieren. Mit Salz und Muskat würzen.

5. Die Kirschtomaten halbieren und in der restlichen Butter anschwitzen. Mit Salz und Pfeffer würzen. Mozzarella würfeln, in den Spinat rühren und sofort auf vorgewärmte Teller verteilen. Die Rouladen und die Tomaten daneben anrichten.

SALTIMBOCCA

ZUTATEN

8 dünne Scheiben Kalbsrücken (je 50 g)

Salz, Pfeffer aus der Mühle

8 dünne Scheiben Rohschinken

8 größere Salbeiblätter

2 EL Olivenöl

50 ml Weißwein

100 ml Gemüsebrühe

4 EL Butter

1. Die Kalbsschnitzel mit der flachen Seite des Schnitzelklopfers dünn klopfen. Mit Salz und Pfeffer mild würzen.

2. Jedes Schnitzel mit einer Scheibe Schinken und einem Salbeiblatt belegen und mit einem Holzspießchen feststecken.

3. In einer Pfanne das Öl erhitzen und die Schnitzel darin bei milder Temperatur von beiden Seiten je 2 Minuten braten. Aus der Pfanne nehmen.

4. Den Bratensatz mit Wein ablöschen, die Brühe angießen und etwas einköcheln lassen. Die Pfanne vom Herd ziehen und die kalte Butter in Flöckchen unterrühren.

5. Die Schnitzelchen in die Sauce legen und sofort servieren. Dazu passt buntes Gemüse.

KALBSLEBER AUF BOHNEN-ARTISCHOCKEN-SALAT

ZUTATEN

250 g breite Bohnen, Salz

250 g Pfifferlinge

4 EL Olivenöl

Pfeffer aus der Mühle

200 g Artischockenböden (aus dem Glas)

1 rote Zwiebel

2 EL Rotweinessig

1 TL Senf

1 Schuss Sherry

50 ml Gemüsebrühe, Zucker

1 TL frisch geschnittenes Bohnenkraut

500 g geputzte Kalbsleber, 2 EL Öl

1. Von den Bohnen die Enden abschneiden und schräg in 2 cm große Stücke schneiden. In leicht gesalzenem Wasser blanchieren, in Eiswasser abschrecken und abtropfen lassen.

2. Die Pfifferlinge putzen, größere zerkleinern. In 2 EL Öl etwa 2 Minuten kurz anschwitzen, salzen und pfeffern. Die Artischockenböden abtropfen lassen und in Spalten schneiden. Die Zwiebel schälen und in kleine Würfel schneiden.

3. Essig, Senf, Sherry und Brühe mischen und das übrige Olivenöl langsam hineinrühren. Mit Salz, Pfeffer und einer Prise Zucker würzen, Zwiebeln und Bohnenkraut hinzufügen. Bohnen, Pfifferlinge und Artischocken vermischen und die Zwiebelmarinade darüber geben.

4. Die Leber in breite Streifen schneiden. Mit Salz und Pfeffer würzen. Die Leber im heißen Öl etwa 2 Minuten kross anbraten. Die Pfanne vom Herd nehmen, die Leber noch kurz ziehen und auf Küchenpapier abtropfen lassen.

5. Den Gemüsesalat auf Tellern anrichten und die Leberscheiben darauf legen.

KALBSNIEREN IN SENFKRUSTE

ZUTATEN

750 g junge Möhren, 1 TL Puderzucker

2 EL Butter, 50 ml weißer Portwein

100 ml Gemüsebrühe

Salz, Cayennepfeffer, 1 Spritzer Zitronensaft

1 EL frisch geschnittener Koriander

2 Kalbsnieren (je 250 g)

Pfeffer aus der Mühle, 6 EL Dijon-Senf

6 EL doppelgriffiges Mehl zum Wenden (Wiener Griessler)

Öl zum Braten

1. Möhren schälen und schräg in Scheiben schneiden. In einem Topf den Puderzucker hell karamellisieren. Die Möhren hineinrühren, die Butter hinzufügen, anschwitzen. Mit Portwein ablöschen, einkochen lassen, die Brühe angießen und das Gemüse weich dünsten. Mit Salz, Cayennepfeffer und Zitronensaft abschmecken, den Koriander hinzufügen.

2. Die Kalbsnieren waschen und sorgfältig trockentupfen. In knapp 1 cm dicke Scheiben schneiden, mit Salz und Pfeffer würzen, auf beiden Seiten dick mit Senf bestreichen und in Mehl wenden.

3. In einer Pfanne fingerhoch Öl erhitzen und die Nierenscheiben darin von beiden Seiten goldbraun braten. Auf Küchenpapier abtropfen lassen und mit dem Möhrengemüse servieren.

Krustenbraten mit Kümmel und Schmorgemüse

Zutaten

1,5 kg Schweineschulter mit Schwarte

Salz, Pfeffer aus der Mühle

3 EL Öl

¼ l Geflügelbrühe

3 weiße Zwiebeln

500 g mittelgroße Kartoffeln

400 g kleine Möhren mit Grün

250 g kleine Petersilienwurzeln mit Grün

3 Knoblauchzehen

1 EL Kümmel

1 EL Majoranblättchen

Majoranblättchen zum Garnieren

1. Backofen auf 150 °C vorheizen. Die Schweineschulter auf der Hautseite mit einem scharfen Messer über Kreuz einschneiden. Mit Salz und Pfeffer würzen und in einem Bratentopf im Öl rundherum anbraten. Die Brühe angießen und etwa 2 ½ Stunden im vorgeheizten Ofen kross braten. Zwischendurch mit Bratensaft begießen.

2. Zwiebeln und Kartoffeln schälen, die Zwiebeln in Spalten schneiden, die Kartoffeln längs halbieren oder vierteln. Von den Möhren und den Petersilienwurzeln das Grün bis auf 2 cm abschneiden, Gemüse schälen und längs halbieren.

3. Das vorbereitete Gemüse nach 1 ½ bis 2 Stunden mit dem ungeschälten Knoblauch in den Bratensaft geben. Den Kümmel über das Fleischstück und das Gemüse streuen.

4. Kurz vor Ende der Garzeit die Majoranblättchen zum Gemüse geben. Vor dem Servieren mit Majoran garnieren.

FLEISCH & GEFLÜGEL

SCHWEINESCHULTER MIT BOUILLONKARTOFFELN

ZUTATEN

1,5 kg gesurte Schweineschulter

2–3 l schwach gesalzene Geflügelbrühe

1 Zwiebel

1 Lorbeerblatt, 1 Nelke

600 g Kartoffeln, 2 Möhren

200 g Sellerieknolle, 1/2 Lauchstange

frisch geriebener Meerrettich

1 EL frisch geschnittene Schnittlauchröllchen

1. Die Schweineschulter in einem Topf knapp mit Brühe bedecken. 2 Stunden bei schwacher Hitze weich köcheln.

2. Die Zwiebel schälen und das Lorbeerblatt mit einer Nelke darauf feststecken.

3. Die Kartoffeln, die Möhren und den Sellerie schälen und in 1 bis 2 cm breite Würfel schneiden. Den Lauch in breite Streifen schneiden. Kartoffeln, Möhren und Sellerie mit der gespickten Zwiebel nach etwa 1 1/2 Stunden in den Kochsud geben. Den Lauch 5 Minuten vor Garzeitende dazugeben.

4. Das gegarte Fleisch in Scheiben schneiden und mit dem Gemüse und Meerrettich anrichten. Etwas Bratensaft darüber träufeln und mit Schnittlauch bestreuen.

SCHWEINEFILET IN KÜMMELPANADE AUF CHILI-KRAUT-SALAT

ZUTATEN

1 gehäufter EL Speisestärke, 175 ml Wasser

50 g Zucker, 1 TL Honig

1 EL Rotweinessig

1 rote Chilischote (entkernt und gehackt)

1 Knoblauchzehe

750 g junger Weißkohl, Salz

3 EL Weißweinessig, 4 EL Öl

Pfeffer aus der Mühle, 1 EL Kümmel

80 g Semmelbrösel

400 g Schweinefilet

4 EL Mehl

2 Eier, Öl zum Backen

1. Für die Chilisauce die Speisestärke mit etwas kaltem Wasser glatt rühren. Das übrige Wasser mit Zucker, Honig, Essig, Chili und geschältem Knoblauch aufkochen. Die Stärke dazugeben und unter Rühren 2 Minuten köcheln lassen.

2. Den Weißkohl putzen, die Blätter in feine Streifen schneiden. Eine kräftige Prise Salz darüber geben und in das Kraut kneten. 30 Minuten ziehen lassen und mit Weißweinessig und Öl marinieren. Mit Salz, Pfeffer und der Hälfte der Chilisauce abschmecken.

3. Den Kümmel fein hacken und mit den Semmelbröseln mischen. Das Schweinefilet in 8 Stücke schneiden. Mit dem Fleischklopfer vorsichtig zu kleinen Schnitzeln klopfen. Mit Salz und Pfeffer würzen, nacheinander in Mehl, den verquirlten Eiern und dem Semmelbrösel-Kümmel-Gemisch wenden.

4. In einer Pfanne bei mittlerer Temperatur fingerhoch Öl erhitzen und die Kümmelschnitzel darin von beiden Seiten goldbraun backen. Auf Küchenpapier abtropfen lassen. Den Krautsalat auf Tellern verteilen, die Schnitzel darauf anrichten und etwas Chilisauce darüber träufeln.

FLEISCH & GEFLÜGEL

HACKFLEISCHBÄLLCHEN MIT TOMATEN-BOHNEN-GEMÜSE

ZUTATEN

1 Zwiebel

1 Knoblauchzehe

2 EL Öl

1 EL frisch geschnittene Petersilie

150 g Weißbrot vom Vortag

¼ l Milch

400 g gemischtes Hackfleisch (vom Schwein und Kalb)

1 Ei

Salz, Pfeffer aus der Mühle

1 TL scharfer Senf

Kreuzkümmel aus der Mühle

Cayennepfeffer

Öl zum Frittieren

400 g breite Bohnen

4 mittelgroße Tomaten

50 ml Gemüsebrühe

1 Knoblauchzehe

1 TL frisch geschnittenes Bohnenkraut

3 EL Butter

1. Zwiebel und Knoblauch schälen und klein würfeln. Die Zwiebelwürfel in einer Pfanne im Öl glasig anschwitzen. Petersilie und Knoblauch hinzufügen.

2. Das Weißbrot in Milch einweichen, ausdrücken und möglichst klein hacken.

3. Das Hackfleisch mit dem Weißbrot, dem Ei und dem Zwiebelgemisch zu einem glatten Fleischteig verarbeiten. Mit Salz, Pfeffer, Senf, Kreuzkümmel und Cayennepfeffer abschmecken. Mit nassen Händen kleine Bällchen daraus formen.

4. In einem Topf in reichlich Fett bei 170 °C zu goldbraunen Hackfleischbällchen frittieren und auf Küchenpapier abtropfen lassen und warm stellen.

5. Von den Bohnen die Enden kappen und schräg in kleine Stücke schneiden. In stark gesalzenem Wasser blanchieren, in Eiswasser abschrecken und gut abtropfen lassen.

6. Die Tomaten überbrühen, enthäuten, vierteln, entkernen und das Fruchtfleisch in größere Würfel schneiden.

7. In einer Pfanne die Brühe mit der ungeschälten Knoblauchzehe erhitzen und die Bohnen dazugeben. Mit Salz, Pfeffer, etwas Kreuzkümmel und Bohnenkraut würzen. Die Tomaten dazugeben und die Butter in kleinen Flöckchen hineinrühren. Alles erhitzen und mit den Fleischbällchen auf Tellern anrichten.

SERGEANT PEPPER'S TIPP

Frische Bohnen sollten immer in gut gesalzenem Wasser gekocht werden, da sie im Gegensatz zu anderen Gemüsesorten Salz nicht so schnell annehmen und deshalb schnell fad schmecken.

RINDERFILETSPITZEN MIT GARAM MASALA

ZUTATEN

2 Zwiebeln, 250 g Champignons

600 g Rinderfiletspitzen

Salz, 1 knapper EL Garam masala

5 EL Öl, 4 cl Weinbrand

¼ l Kalbsfond, 200 g Schmand

1 TL scharfer Senf

1 gehackte Knoblauchzehe

1 Spritzer Zitronensaft

1. Die Zwiebeln schälen und klein würfeln. Die Champignons mit einem Tuch säubern und halbieren oder vierteln.

2. Das Fleisch in 1 cm breite Streifen schneiden. Mit Salz und Garam masala würzen. In einer Pfanne bei mittlerer Hitze in 3 EL Öl etwa 3 Minuten anbraten. Aus der Pfanne nehmen und im Ofen bei 70 °C warm halten.

3. Das Bratfett aus der Pfanne gießen, 1 EL Öl hinzufügen und die Zwiebelwürfel darin glasig anschwitzen. Mit Weinbrand und Kalbsfond ablöschen und auf die Hälfte einkochen lassen. Schmand, Senf und Knoblauch hinzufügen und alles in einem Mixer zu einer glatten Sauce verarbeiten.

4. Im restlichen Öl die Champignons anbraten und salzen.

5. Die angebratenen Fleischstreifen und die Champignons in der Sauce nochmals erhitzen, aber nicht mehr kochen lassen. Mit Zitronensaft, Salz und Garam masala abschmecken.

KNOBLAUCH-KARTOFFEL-GRÖSTL

ZUTATEN

500 g kleine Kartoffeln

Salz, 1 TL Kümmel

5 Knoblauchzehen (oder 1 Knolle junger Knoblauch, im Ganzen in Scheiben geschnitten)

400 g junge Möhren

1 Bund Frühlingszwiebeln

¼ l Kalbsfond, 3 EL Öl

Pfeffer aus der Mühle, gemahlener Kümmel

getrockneter Majoran

300 g Nürnberger Rostbratwürstel

1. Die Kartoffeln schälen und in Salzwasser mit dem Kümmel kochen, abgießen, auskühlen lassen und halbieren.

2. Den Knoblauch schälen und in Scheiben schneiden. Die Möhren schälen und in Scheiben schneiden. Von den Frühlingszwiebeln das Grün in Ringe und die Zwiebeln in dicke Scheiben schneiden. Das Grün beiseite legen. Zwiebeln und Möhren nacheinander blanchieren und in Eiswasser abschrecken.

3. Den Kalbsfond in einer kleinen Pfanne um zwei Drittel einkochen. In einer Pfanne in 2 EL Öl die Kartoffeln anbraten. Den Knoblauch hinzufügen und ein wenig mitbraten. Zwiebeln und Möhren dazugeben, mit Salz, Pfeffer, Kümmel und einer Prise Majoran würzen. Den Kalbsfond dazugeben.

4. Die Bratwürstel im restlichen Öl anbraten. Das Gröstl auf vorgewärmte Teller verteilen und die Bratwürstel darauf anrichten und mit dem Frühlingszwiebelgrün bestreuen.

FLEISCH & GEFLÜGEL

KÜMMEL-NUDELFLECKERL MIT LAMM UND PFIFFERLINGEN

ZUTATEN

Für den Teig:

100 g Mehl

50 g Hartweizengrieß

1 Ei, 1 Eigelb, 1 EL Olivenöl, Salz

30 g Kümmel

Mehl zum Ausrollen

Wasser zum Besprühen

Für die Sauce:

300 g kleine Pfifferlinge

1 Zwiebel, 7 EL Olivenöl

200 ml Brühe

80 g Sahne

1 gehackte Knoblauchzehe

4 EL Butter

Cayennepfeffer

1 Spritzer Zitronensaft

2 Thymianzweige

600 g Lammrücken (ausgelöst)

Salz, Pfeffer aus der Mühle

1. Für den Nudelteig Mehl, Grieß, Eier, Öl und etwas Salz zu einem glatten, elastischen Teig verkneten. In Klarsichtfolie einwickeln und mindestens 30 Minuten ruhen lassen.

2. Den Kümmel auf einem Blech im vorgeheizten Ofen bei 180 °C etwa 10 Minuten rösten, bis er leicht duftet, und auskühlen lassen.

3. Den Teig mit einem Nudelholz oder am besten mit der Nudelmaschine dünn ausrollen, dabei häufig mit Mehl bestäuben. Falls die Teigfläche zu trocken ist, hauchfein mit Wasser besprühen. Eine Teighälfte gleichmäßig mit Kümmel bestreuen und die andere Hälfte darüber klappen. Mit den Händen festdrücken und darauf achten, dass keine Luftblasen entstehen. So dünn ausrollen, bis der Kümmel zu knacken beginnt.

4. Mit einem Teigrad oder einem scharfen Messer in Fleckerl schneiden. Bis zur Verwendung auf bemehlte Tücher legen.

5. Die Pfifferlinge putzen. Die Zwiebel schälen und in kleine Würfel schneiden. In einem Topf bei milder Hitze die Zwiebeln in 2 EL Öl glasig anschwitzen. Die Brühe angießen und in etwa 10 Minuten die Zwiebeln darin weich köcheln. Die Sahne mit dem Knoblauch hinzufügen und mit dem Stabmixer glatt rühren. Zuletzt die kalte Butter in Flöckchen dazumixen und mit Cayennepfeffer und Zitronensaft würzen. Die Thymianzweige dazugeben und ziehen lassen.

6. Backofen auf 90 °C vorheizen. Den Lammrücken mit Salz und Pfeffer würzen. In einer Pfanne bei mittlerer Hitze in 3 EL Öl anbraten. Auf ein Gitter mit Abtropfblech legen und 25 Minuten im vorgeheizten Ofen garen.

7. Die Nudelfleckerl in reichlich kochendem Salzwasser in einigen Minuten bissfest kochen und auf einem Sieb abtropfen lassen.

8. In einer Pfanne das restliche Öl erhitzen und die Nudelfleckerl darin anbraten. Die Pfifferlinge hinzufügen und mit Salz und Pfeffer würzen.

9. Die Nudeln mit den Pfifferlingen anrichten, das Fleisch in Scheiben schneiden und darauf legen. Thymian aus der Sauce nehmen, Sauce aufmixen und über das Gericht träufeln.

Fisch

FISCH

ZANDER MIT LAUWARMEM MÖHREN-BIRNEN-SALAT

ZUTATEN

700 g kleine Möhren mit Grün

2 kleine Birnen

1 TL Puderzucker

8 EL Olivenöl

100 ml Gemüsebrühe

Saft von 1/2 Zitrone

Salz, Pfeffer aus der Mühle

2 EL Kerbelblättchen

4 Zanderfilets (je 140 g)

Garam masala

1. Von den Möhren das Grün bis auf 2 cm entfernen, schälen und längs vierteln. Eventuell einmal quer halbieren. Die Birnen vierteln, entkernen und in Spalten schneiden.

2. In einer Pfanne bei milder Hitze den Puderzucker hell karamellisieren. Die Möhren und 1 EL Olivenöl hinzufügen und anschwitzen. Mit der Brühe löffelweise ablöschen, bis die Möhren bissfest sind. Die Birnen dazugeben, kurz mitdünsten und vom Herd nehmen. Zitronensaft und 2 EL Öl hinzufügen, würzen und die Kerbelblättchen darüber streuen.

3. Die Zanderfilets enthäuten. Die Haut in Stücke schneiden und in einer Pfanne in 2 EL Öl kross braten. Auf Küchenpapier abfetten lassen, salzen und pfeffern.

4. In einer Pfanne bei schwacher Temperatur das restliche Öl erhitzen. Die Fischfilets mit Salz, Pfeffer und einer Prise Garam masala würzen, von beiden Seiten je 2 Minuten braten.

5. Den Salat auf Teller verteilen, die Zanderfilets darauf anrichten und mit den Fischkrusten garnieren.

ZANDER MIT WACHOLDERKRUSTE

ZUTATEN

1 TL Wacholderbeeren

1 TL schwarze Pfefferkörner

1 TL gelbe Senfkörner

3 EL Olivenöl

1–2 EL Zitronensaft

Salz

4 Zanderfilets (mit Haut, je 150 g)

4 EL Butter

Pfeffer aus der Mühle

1. Wacholder-, Pfeffer- und Senfkörner in einem Mörser zerstoßen. 1 EL Olivenöl, einen Spritzer Zitronensaft und eine Prise Salz hinzufügen und zu einer Paste verarbeiten.

2. Die Haut der Zanderfilets mit einem scharfen Messer leicht einritzen, salzen und mit der Paste bestreichen.

3. In einer Pfanne das übrige Olivenöl erhitzen, die Fischfilets auf der Hautseite einlegen und bei mittlerer Hitze in 3 bis 4 Minuten kross anbraten. Umdrehen, die Pfanne vom Herd nehmen und die Fische darin glasig gar ziehen lassen.

4. Währenddessen in einer anderen Pfanne die Butter aufschäumen, mit Zitronensaft, Salz und Pfeffer würzen.

5. Die Fischfilets auf warmen Tellern anrichten und mit der Zitronenbutter beträufeln. Dazu passt Gemüse.

FISCH

NUDELN MIT RÄUCHERLACHS IN MEERRETTICHSCHAUM

ZUTATEN

1/2 kleiner Kopf Wirsing, Salz

1 große Zwiebel, 4 EL Butter

400 ml Gemüsebrühe

80 g Sahne

3 EL Meerrettich aus dem Glas

frisch geriebene Muskatnuss

Cayennepfeffer

200 g Räucherlachs

400 g Bandnudeln

1. Strunk und Blattrippen der Wirsingblätter entfernen, Blätter in Rauten schneiden. In Salzwasser blanchieren, in kaltem Wasser abschrecken und abtropfen lassen.

2. Die Zwiebel schälen, in kleine Würfel schneiden und in 2 EL Butter bei milder Hitze glasig anschwitzen. Die Brühe angießen und 10 Minuten köcheln lassen. Sahne und Meerrettich hinzufügen und mit einem Stabmixer glatt rühren. Mit Salz, Muskat und Cayennepfeffer abschmecken.

3. Den Räucherlachs in 3 cm lange Streifen schneiden und in der restlichen Butter kurz erhitzen.

4. Die Nudeln in Salzwasser in etwa 5 Minuten al dente kochen und auf einem Sieb abtropfen lassen.

5. Wirsing mit den heißen Nudeln mischen, auf vorgewärmte Teller verteilen, die Sauce noch mal aufmixen, über die Nudeln geben und die Räucherlachsstreifen darauf anrichten.

WALLER MIT RETTICH-SPITZKOHL-GEMÜSE

ZUTATEN

400 g weißer Rettich

400 g Spitzkohl, Salz

50 g Rucola

6 EL Olivenöl

etwas Zitronensaft

1/2 kleine, gehackte Knoblauchzehe

6 EL Gemüsebrühe

Pfeffer aus der Mühle

4 Wallerfilets (je 150 g)

Koriander aus der Mühle

1. Den Rettich schälen, längs vierteln und in Scheiben schneiden. Vom Spitzkohl den Strunk entfernen, die Blätter in Rauten schneiden. Rettich und Kohl in Salzwasser blanchieren, in Eiswasser abschrecken und abtropfen lassen.

2. Den Rucola putzen und klein schneiden. Mit 3 EL Olivenöl, einem Spritzer Zitronensaft, dem Knoblauch und 3 EL Gemüsebrühe in einem Mixer zu einer Paste verarbeiten.

3. Das blanchierte Gemüse mit der Rucolapaste und der übrigen Gemüsebrühe in einem Topf langsam erhitzen, mit Salz und Pfeffer würzen.

4. Die Wallerfilets mit Salz, Pfeffer und Koriander würzen. In einer Pfanne bei milder Hitze von jeder Seite 2 Minuten im restlichen Öl braten.

5. Das Gemüse auf vorgewärmte Teller verteilen und die gebratenen Wallerfilets darauf anrichten.

Rochen mit Kapernbutter auf gebratenem Fenchel

Zutaten

2 Fenchelknollen

4 EL Olivenöl

Salz, Pfeffer aus der Mühle

4 Rochenfilets (je 150 g)

50 g Butter

1 Streifen unbehandelte Zitronenschale

2 EL Kapern

Fruchtfilets von ½ Zitrone

1. Den Fenchel putzen, das Grün beiseite legen. Mit einem scharfen Messer oder auf der Brotmaschine in dünne Scheiben schneiden, sodass der Strunk noch alle Blätter zusammenhält.

2. In einer Pfanne den Fenchel in 2 EL Olivenöl von beiden Seiten bei milder Hitze anbräunen, salzen und pfeffern. Auf Küchenpapier abtropfen lassen und warm stellen.

3. Die Rochenfilets salzen und pfeffern. In einer Pfanne bei milder Hitze im restlichen Öl in 3 bis 4 Minuten von beiden Seiten anbraten, auf Küchenpapier abtropfen lassen.

4. In einer Pfanne die Butter mit der Zitronenschale aufschäumen, salzen, pfeffern und die Kapern mit den Zitronenfilets dazugeben.

5. Die Rochenfilets mit den gebratenen Fenchelscheiben auf Tellern anrichten und mit der Zitronenbutter beträufeln. Mit dem Fenchelgrün garnieren.

FISCH

WALLER AUF PAPRIKASAUCE

ZUTATEN

2 rote Paprikaschoten

etwas Öl zum Bepinseln

2 Knoblauchzehen, Salz, 1 TL Kümmel

1 TL getrockneter Majoran

½ TL gehackte unbehandelte Zitronenschale

1 EL Butter, 1 kleine Zwiebel

4 EL Olivenöl

½ TL Paprika edelsüß, ¼ l Gemüsebrühe

Cayennepfeffer

500 g Wallerfilet

Pfeffer aus der Mühle

1 Scheibe Ingwer

frischer Majoran zum Garnieren

1. Die geviertelten Paprikaschoten mit Öl einpinseln. Unterm Grill bräunen, dann die Haut abziehen. Zwei Paprikaviertel in Rauten, die restlichen in kleine Würfel schneiden.

2. 1 Knoblauchzehe schälen und mit Hilfe einer Messerklinge mit einer Prise Salz zerdrücken, mit Kümmel, Majoran, Zitronenschale und Butter zu einer Paste verarbeiten.

3. Die Zwiebel schälen und in kleine Würfel schneiden. In einem Topf in 1 EL Olivenöl anschwitzen. Das Paprikapulver kurz mitanschwitzen und die Paprikawürfel zugeben. Mit Brühe auffüllen und 10 Minuten köcheln lassen. 1 TL der Gewürzpaste und eine Prise Cayennepfeffer zugeben und einige Minuten ziehen lassen. Die Sauce mit dem Stabmixer glatt rühren. Die Paprikarauten zugeben, würzen.

4. Den Waller in Portionsstücke schneiden, mit Salz und Pfeffer würzen. Den Fisch mit dem ungeschälten Knoblauch und dem Ingwer im restlichen Öl von beiden Seiten je 2 Minuten bräunen, dann auf Küchenpapier abtropfen lassen.

5. Die Paprikasauce auf vorgewärmte Teller verteilen und die Wallerstücke darauf setzen. Mit Majoran garnieren.

RENKE AUF APFEL-GURKENSALAT

ZUTATEN

4 kleine Zwiebeln, 400 ml Gemüsebrühe

400 ml Rotweinessig, 2 Scheiben Ingwer

1 Lorbeerblatt, 1 EL Senfkörner

1 TL Pfefferkörner, 1 TL Korianderkörner

2 Wacholderbeeren, 5 Pimentkörner, 1 EL Zucker

8 kleinere Renkenfilets (mit Haut)

Salz, Pfeffer aus der Mühle

60 g Mehl (Wiener Griessler), 3 EL Öl

2 Äpfel, 1 Gurke, 150 g Crème fraîche

1 EL frisch geschnittener Dill, Cayennepfeffer

Dill zum Garnieren

1. Die Zwiebeln schälen und in feine Ringe schneiden. Die Brühe mit dem Essig, den Gewürzen und den Zwiebelringen 10 Minuten leise köcheln lassen. Die Marinade in eine flache, weite Auflaufform geben und warm halten.

2. Die Renkenfilets salzen und pfeffern und auf der Hautseite in Mehl legen. In einer Pfanne das Öl erhitzen und die Fischfilets mit der Hautseite nach unten in wenigen Minuten kross braten. Auf Küchenpapier abtropfen lassen und mit der Fleischseite nach unten in die Zwiebelmarinade legen. Mit Folie abdecken und 1 Tag marinieren lassen.

3. Am nächsten Tag die Äpfel und die Gurke schälen, entkernen und in kleine Würfel schneiden. Die Crème fraîche mit dem Dill verrühren und mit Salz, Cayennepfeffer und der Marinade abschmecken.

4. Die Renkenfilets abtropfen lassen und mit dem Apfel-Gurkensalat anrichten. Mit Dill garnieren.

SEEZUNGE AUF ZUCCHINI-TOMATEN-GEMÜSE

ZUTATEN

500 g reife Tomaten, 1 mittelgroßer Zucchino

3 EL Olivenöl, 1 1/2 Knoblauchzehen

1 EL klein gezupfte Basilikumblätter

Salz, Pfeffer aus der Mühle

200 ml Gemüsebrühe, 50 ml Weißwein

2 Petersilienzweige, 1 kleiner Estragonzweig

2 Basilikumzweige, 1 Thymianzweig

1 kleines Stück Chilischote

1/2 TL schwarze Pfefferkörner

1/2 TL Korianderkörner, Butter für den Einsatz

8 mittelgroße Seezungenfilets (je 60 g)

1 Spritzer Zitronensaft

1. Die Tomaten überbrühen, häuten, vierteln, entkernen und das Fruchtfleisch in Würfel schneiden. Vom Zucchino die Enden entfernen, waschen und in Würfel schneiden.

2. In einer Pfanne in 1 EL Olivenöl bei mittlerer Hitze die Zucchiniwürfel anbraten. Die Tomatenwürfel mit 1/2 gehackten Knoblauchzehe und dem klein gezupften Basilikum dazugeben, mit Salz und Pfeffer würzen.

3. Die Brühe mit Weißwein in einen Topf mit Dämpfeinsatz füllen. Die Kräuter, die ungeschälte Knoblauchzehe und die Gewürze dazugeben, einmal aufkochen lassen und den gebutterten Dämpfeinsatz darauf setzen.

4. Die Seezungenfilets salzen, pfeffern und auf den Einsatz legen. Zugedeckt in 2 bis 3 Minuten glasig dämpfen.

5. Den Kräutersud durch ein Sieb gießen und mit 2 EL Olivenöl und dem Zitronensaft aufmixen. Die gedämpften Seezungenfilets auf dem Zucchini-Tomaten-Gemüse anrichten und mit dem Kräuterfond beträufeln.

HEILBUTT IN PETERSILIENKRUSTE

ZUTATEN

500 g feste, reife Tomaten

1 EL Balsamico-Essig, 1 EL Rotweinessig

4 EL Gemüsebrühe, 2 EL Olivenöl

1 Knoblauchzehe, Salz, Pfeffer aus der Mühle

Piment aus der Mühle, Zucker, 2 Schalotten

2 EL frisch geschnittene Petersilie

3 Scheiben Toastbrot, 1/4 Zimtstange

1 TL schwarze Pfefferkörner, 2 Nelken

1 Sternanis, 1 TL Kümmel, 1 TL Korianderkörner

4 Heilbuttfilets (je 120 g), 4 EL Mehl, 1 Ei

100 ml Öl, Petersilie zum Garnieren

1. Die Tomaten in 1/2 cm dicke Scheiben schneiden. Die beiden Essigsorten mit Brühe und Olivenöl verrühren. Die Knoblauchzehe schälen, halbieren und dazugeben. Mit Salz, Pfeffer, Piment und einer Prise Zucker würzen.

2. Die Schalotten schälen, in kleine Würfel schneiden und in das Dressing rühren. Die Tomaten darin marinieren.

3. Petersilie mit Toastbrot im Blitzhacker zu Bröseln verarbeiten. Die übrigen Gewürze in eine Gewürzmühle füllen und die Brösel damit würzen.

4. Die Heilbuttfilets mit Salz und Pfeffer würzen und in Mehl, verquirltem Ei und den Petersilienbröseln wenden.

5. Die Fischstücke im heißen Öl von beiden Seiten je etwa 2 Minuten anbraten. Auf Küchenpapier abfetten lassen.

6. Den Tomatensalat auf Tellern auslegen. Den Heilbutt darauf geben und mit Petersilienblättchen garnieren.

FISCH

SAIBLING IN DER FOLIE

ZUTATEN

4 Saiblinge (je 350–400 g)

Salz, Pfeffer aus der Mühle

50 g Ingwer

4 kleine Chilischoten

Schale von 2 unbehandelten Zitronen

12 Knoblauchzehen

4 EL Olivenöl, 2 EL Butter

1 EL Pfefferkörner, 1 EL Pimentkörner

8 Lorbeerblätter

¹/₈ l Weißwein

1. Von den Saiblingen die Kiemen entfernen, innen und außen gründlich waschen, trockentupfen, mit Salz und Pfeffer würzen.

2. Den Ingwer schälen und in Scheiben schneiden, die Chilischoten aufschneiden und entkernen, die Zitronenschale in Streifen schneiden, den Knoblauch schälen. Den Backofen auf 180 °C vorheizen.

3. Ein großes Stück Alufolie mit Olivenöl bestreichen und mit Butterflöckchen belegen. Die Fische darauf legen, die Gewürze in den Bauchhöhlen und obenauf verteilen, den Weißwein angießen und die Folie darüber zusammenfalten.

4. Im vorgeheizten Ofen etwa 25 Minuten garen.

FORELLE MIT BASILIKUMBUTTER

ZUTATEN

4 kleinere Forellen

Salz, Pfeffer aus der Mühle

4 Basilikumzweige, 4 Petersilienzweige

4 Knoblauchzehen

Schale von ¹/₂ unbehandelten Zitrone

6 EL Öl

etwas doppelgriffiges Mehl (Wiener Griessler)

5 größere Basilikumblätter

70 g Butter

1 Spritzer Zitronensaft

1. Von den Forellen die Kiemen entfernen, innen und außen gründlich waschen, trockentupfen, salzen und pfeffern. Die Bauchhöhlen mit Basilikum- und Petersilienzweigen, ungeschälten Knoblauchzehen und Zitronenschalenstreifen füllen.

2. In einer Pfanne das Öl bei milder Temperatur erhitzen. Die Fische im Mehl wenden und von jeder Seite etwa 5 Minuten goldbraun braten. Auf Küchenpapier abfetten lassen.

3. Die Basilikumblätter in kleine Stückchen zupfen. Die Butter in einer Pfanne aufschäumen lassen, leicht salzen und pfeffern, das Basilikum einstreuen und den Zitronensaft hinzufügen.

4. Die Basilikumbutter über die Fische träufeln und sofort servieren.

FISCH

Kabeljau auf geräucherter Selleriesauce

Zutaten

150 g Knollensellerie

400 ml kräftige Geflügelbrühe

80 g Sahne

½ geräuchertes Forellenfilet

2 EL Butter

Salz, Pfeffer aus der Mühle

Cayennepfeffer

4 Kabeljaufilets (je 120 g)

1 TL Kardamom

Butter für die Teller und einige Flöckchen zum Garen

1 EL Schnittlauchröllchen

1. Den Sellerie schälen und in kleine Würfel schneiden. Die Brühe aufkochen, die Selleriewürfel darin etwa 30 Minuten bei kleiner Hitze weich köcheln. Die Sahne hinzufügen und in einem Mixer alles pürieren.

2. Die Forelle in die Sauce legen und 15 Minuten darin ziehen lassen. Die Haut von der Forelle abziehen und entfernen. Das Forellenfleisch mit der Sauce mixen und durch ein Sieb streichen. Die kalte Butter in Flöckchen hineinrühren und mit Salz, Pfeffer und Cayennepfeffer abschmecken.

3. Den Backofen auf 80 °C vorheizen. Die Kabeljaufilets mit Salz und Pfeffer würzen und mit Kardamom bestäuben. Die Filets auf einen gebutterten Teller legen und auf jedes Filet ein Flöckchen Butter setzen. Die Teller mit Frischhaltefolie straff überspannen. Im vorgeheizten Ofen in etwa 15 Minuten glasig garen.

4. Die Selleriesauce in tiefe Teller geben, die Kabeljaufilets darauf setzen und mit Schnittlauchröllchen bestreuen.

Sergeant Pepper's Tipp

Noch aromatischer als bereits gemahlener Kardamom schmecken ganze Kardamomkörner, die aus der Hülse gebrochen und in der Gewürzmühle frisch gemahlen werden. Statt des ganzen Forellenfilets können Sie auch nur die Haut als Geschmacksgeber in die Sauce einlegen. Die Sauce dann ohne Fisch pürieren, das Filet anderweitig verwenden.

Seewolf im Strudelteig gebraten

Zutaten

500 g Kohlrabi mit Grün

4 EL Olivenöl, 1/8 l Gemüsebrühe

80 g Butter

Salz, Cayennepfeffer

frisch geriebene Muskatnuss

1 EL frisch geschnittene Petersilie

175 g Lachsfilet

Pfeffer aus der Mühle, 1 TL scharfer Senf

175 g Sahne

4 Strudelteigblätter von je 15 cm Seitenlänge

verschiedene Kräuter zum Belegen (z. B. Petersilie, Salbei, Dill)

4 Seewolffilets (je 120 g)

1. Kohlrabi schälen und in schmale Spalten schneiden, in 1 EL Olivenöl anschwitzen. Die Brühe angießen und den Kohlrabi bissfest dünsten. Abgießen und in den Gemüsefond 50 g kalte Butter mixen. Mit Salz, Cayennepfeffer, Muskat und Petersilie würzen.

2. Die Kohlrabiblätter in Salzwasser blanchieren, abtropfen lassen und klein schneiden. Unter das Gemüse mischen. Den Lachs würfeln, salzen und leicht anfrieren lassen. Mit einem Blitzhacker etwas anmixen. Die Masse pfeffern, Senf und nach und nach die kalte Sahne hinzufügen.

3. Die übrige Butter schmelzen lassen. Strudelteigblätter damit bestreichen und mit Kräuterblättern dicht belegen.

4. Die Seewolffilets mit Salz und Pfeffer würzen und auf einer Seite mit Lachsfarce bestreichen. Mit dieser Seite jeweils in die Teigmitte legen. Die Oberseite mit der übrigen Farce bestreichen und den Teig darüber zusammenschlagen.

5. Die Strudelpäckchen mit der Teignaht nach unten im restlichen Öl auf jeder Seite 2 bis 3 Minuten anbraten. Die Kräuterstrudel halbieren, mit Kohlrabigemüse anrichten und mit Kohlrabisauce beträufeln.

FISCH

ROTBARBE AUF ZWIEBELKRAUT

ZUTATEN

500 g weiße Zwiebeln

1 TL Puderzucker

5 EL Olivenöl, 1 Spritzer Weißwein

1/8 l Gemüsebrühe

Salz, Pfeffer aus der Mühle

Koriander und Kümmel aus der Mühle

Cayennepfeffer, 2 Thymianzweige

4 EL Butter

1 EL Thymianblättchen

200 g Knollensellerie

Öl zum Frittieren

4 Rotbarbenfilets (je 120 g)

1. Zwiebeln schälen, halbieren und in Streifen schneiden.

2. Den Puderzucker hell karamellisieren. Die Zwiebeln und 2 EL Olivenöl hinzufügen und etwas anschwitzen. Mit Wein ablöschen, einkochen und die Brühe angießen, würzen. Die Thymianzweige dazugeben und etwa 10 Minuten garen.

3. Den Schmorsud abseihen und das Zwiebelkraut beiseite stellen. Die kalte Butter in Flöckchen mit dem Stabmixer unter den Sud rühren und die Thymianblättchen dazugeben.

4. Den Sellerie schälen und in sehr dünne Scheiben schneiden. In einer Pfanne in reichlich Öl nach und nach zu krossen Chips ausbacken. Auf Küchenpapier abtropfen lassen.

5. Die Rotbarbenfilets auf beiden Seiten mit Salz und Pfeffer würzen. Im übrigen Olivenöl auf der Hautseite 2 bis 3 Minuten kross braten. Die Pfanne vom Herd nehmen, den Fisch umdrehen und 1 Minute lang glasig durchziehen lassen.

6. Das Zwiebelkraut auf Tellern verteilen, den Fisch darauf geben, mit der Marinade beträufeln. Mit den Chips bestreuen.

THUNFISCHSTEAK MIT GARAM-MASALA-SAUCE

ZUTATEN

1 Zwiebel, 80 g Lauch, 50 g Champignons

1 TL Puderzucker

1 EL Öl

80 ml Weißwein, 200 ml Gemüsebrühe

80 g Sahne, 1 TL Garam masala

4 EL Butter, Salz

4 Thunfischsteaks (etwa 2 cm dick, je 100 g)

Pfeffer aus der Mühle

3 EL Olivenöl

1 Knoblauchzehe, 1 Thymianzweig

1. Die Zwiebel schälen, den Lauch putzen und klein schneiden. Die Champignons mit einem Tuch abreiben und eventuell zerkleinern. In einem Topf den Puderzucker karamellisieren und das Gemüse mit dem Öl glasig anschwitzen. Mit Weißwein ablöschen, etwas einkochen lassen, die Brühe angießen und 15 Minuten mehr ziehen als köcheln lassen.

2. Die Sahne und Garam masala hinzufügen und mit einem Stabmixer zu einer glatten Sauce verarbeiten, durch ein Sieb passieren. Die Butter dazumixen und mit Salz abschmecken.

3. Die Thunfischsteaks salzen und pfeffern. Im heißen Öl mit der ungeschälten Knoblauchzehe und dem Thymianzweig etwa 2 Minuten auf jeder Seite anbraten. Die Pfanne vom Herd nehmen und den Fisch glasig durchziehen lassen.

4. Die Fischsteaks auf Küchenpapier abtropfen lassen, mit der Garam-masala-Sauce anrichten. Dazu passt Gemüsereis.

FISCH

DORADE MIT ROSMARIN-KARTOFFEL-SAUCE

ZUTATEN

1 Zwiebel, 2 Kartoffeln

5 EL Olivenöl, 200 ml Gemüsebrühe

1 Rosmarinzweig, 1 Knoblauchzehe

50 g Sahne

Salz, Cayennepfeffer

frisch geriebene Muskatnuss

Öl zum Frittieren

4 Doradenfilets (je 140 g)

Pfeffer aus der Mühle

1. Die Zwiebel und 1 Kartoffel schälen und in kleine Würfel schneiden. Zwiebelwürfel in 2 EL Olivenöl glasig anschwitzen. Die Kartoffelwürfel mitanschwitzen lassen und Brühe angießen. Den Rosmarinzweig und die ungeschälte Knoblauchzehe dazugeben, 20 Minuten köcheln lassen.

2. Die Gewürze entfernen, die Sahne angießen und mit dem Stabmixer glatt rühren. Mit Salz, Cayennepfeffer und Muskat abschmecken.

3. Die zweite Kartoffel schälen und in 1/2 cm große Würfel schneiden. In reichlich Öl frittieren, auf Küchenpapier abfetten lassen und salzen.

4. Die Doradenfilets salzen und pfeffern. Im restlichen Olivenöl auf der Hautseite 3 Minuten anbraten. Die Pfanne vom Herd nehmen, die Filets umdrehen und glasig gar ziehen lassen.

5. Die Fischfilets mit Rosmarinsauce auf vorgewärmten Tellern anrichten und mit den Kartoffelwürfeln bestreuen.

SEETEUFEL IN ESTRAGON-SENF-SAUCE

ZUTATEN

4 Schalotten, 1 TL Puderzucker

3 EL Olivenöl

200 ml trockener Weißwein, 2 EL Noilly Prat

400 ml Gemüsebrühe, 100 g Sahne

2 EL Dijon-Senf, 50 g Butter

Salz, Cayennepfeffer

8 Seeteufelmedaillons (je 70–80 g)

1 Knoblauchzehe

1/2 TL frisch geschnittene Estragonblätter

Estragonblätter zum Garnieren

1. Die Schalotten schälen und in kleine Würfel schneiden. Den Puderzucker hell karamellisieren. Die Schalotten mit 1 El Olivenöl hinzufügen und glasig anschwitzen. Mit Wein und Noilly Prat ablöschen und fast völlig einkochen lassen.

2. Die Brühe angießen und auf die Hälfte einköcheln lassen. Die Sahne und den Senf hinzufügen und mit einem Stabmixer glatt rühren. Die kalte Butter in kleinen Flöckchen hineinmixen und mit Salz und Cayennepfeffer würzen.

3. Die Fischmedaillons etwas flach drücken und mit Salz und Pfeffer würzen. In einer Pfanne im restlichen Olivenöl mit der ungeschälten Knoblauchzehe bei mittlerer Hitze von beiden Seiten je 2 bis 3 Minuten braten.

4. Die Sauce mit dem Stabmixer aufschäumen und den Estragon hineingeben, auf vorgewärmte Teller verteilen und die Medaillons darauf anrichten. Mit Estragon garnieren.

Lachsfilet mit Tandoori-Reis und Apfel-Ingwer-Sauce

Zutaten

200 g Langkornreis

2 Zwiebeln

5 EL Öl

1 TL Tandoorigewürz

700 ml Gemüsebrühe

$1/2$ mittelgroßer Apfel

20 g Cashewnüsse

1 TL Puderzucker

1 kleine Knoblauchzehe

1 TL gehackter Ingwer

80 g Sahne

2 EL Butter

Salz, Cayennepfeffer

1 Spritzer Zitronensaft

4 Lachsfiletstücke (mit Haut, je 140 g)

Pfeffer aus der Mühle

1. Den Reis waschen und abtropfen lassen. Eine Zwiebel schälen und in kleine Würfel schneiden. In einem Topf bei milder Hitze in 2 EL Öl glasig anschwitzen, die Reiskörner und das Tandoorigewürz hinzufügen und mit $1/2$ l Gemüsebrühe auffüllen. Etwa 20 Minuten köcheln lassen.

2. Die andere Zwiebel und den Apfel schälen, den Apfel entkernen und beides klein schneiden. Die Cashewnüsse grob hacken.

3. In einem Topf bei mittlerer Hitze den Puderzucker hell karamellisieren. Zwiebel- und Apfelwürfel und die Nüsse hinzufügen und in 1 EL Öl glasig anschwitzen. Die restliche Brühe angießen und 10 Minuten leise köcheln lassen.

4. Die Knoblauchzehe schälen und hacken und mit dem Ingwer und der Sahne in die Brühe geben. In einem Mixer mit der eiskalten Butter in Flöckchen pürieren und mit Salz, Cayennepfeffer und Zitronensaft abschmecken.

5. Die Fischfilets auf beiden Seiten salzen und pfeffern. In einer Pfanne das übrige Öl erhitzen und die Fischfilets darin auf der Hautseite etwa 4 Minuten kross anbraten. Die Pfanne vom Herd nehmen, die Filets wenden und 2 bis 3 Minuten glasig durchziehen lassen.

6. Den Tandoori-Reis auf vorgewärmte Teller geben, die Sauce noch einmal aufschäumen und daneben anrichten. Die gebratenen Lachsfilets auf der Sauce anrichten.

Sergeant Pepper's Tipp

Tandoori-Reis passt in Kombination mit dieser Sauce auch hervorragend zu pochiertem und gebratenem Geflügel.

Vegetarisches

VEGETARISCHES

KÜRBISGNOCCHI
MIT SALBEI-NUSS-BUTTER

ZUTATEN

125 g Butter

500 g Muskatkürbisfleisch, Salz

500 g Kartoffeln

1 TL Kümmel

1 Ei

350 g doppelgriffiges Mehl (Wiener Griessler)

frisch geriebene Muskatnuss

Mehl zum Bearbeiten des Teigs

1 EL kleine Salbeiblätter

Pfeffer aus der Mühle

1. Die Butter bräunen, bis sie anfängt nussig zu riechen. Sofort durch ein mit Küchenpapier ausgelegtes Sieb gießen.

2. Das Kürbisfleisch in Würfel schneiden und in Salzwasser gut 15 Minuten weich kochen. Abtropfen lassen und pürieren.

3. Die Kartoffeln in Salzwasser mit Kümmel kochen, abtropfen lassen, schälen und durch eine Kartoffelpresse drücken. Die heißen Kartoffeln mit dem Kürbispüree, Ei und Mehl auf die Arbeitsfläche geben. Mit Salz und Muskat würzen und alles rasch zu einem glatten Gnocchiteig verarbeiten. Den Teig zu Rollen von 2 cm Dicke formen und 1 cm breite Stücke davon abschneiden. Auf bemehlte Tücher legen.

4. Gnocchi in reichlich Salzwasser portionsweise kochen, bis sie nach oben steigen. Herausnehmen und abtropfen lassen.

5. Die Kürbisgnocchi in der Nussbutter mit den Salbeiblättern anbraten. Mit Salz und Pfeffer nachwürzen.

SAFRANRISOTTO MIT
ZUCCHINI-NUSS-GEMÜSE

ZUTATEN

2 Schalotten, 4 EL Butter

250 g Risottoreis, 1/8 l Weißwein

1/2 TL Safranfäden, 3/4 l Gemüsebrühe

1 Bund Rucola, 2 Knoblauchzehen

20 g frisch geriebener Parmesan

Salz, Cayennepfeffer

50 g grob gehackte Walnüsse

1 kleiner Zucchino, 1/2 kleine Aubergine

3 EL Olivenöl

Pfeffer aus der Mühle

1. Die Schalotten schälen, klein würfeln und in Butter anschwitzen. Den Reis hinzufügen und mitschwitzen, bis er glasig ist. Mit Wein ablöschen und einkochen lassen. Den Safran hinzufügen und unter Rühren immer wieder etwas Brühe angießen. 12 bis 15 Minuten köcheln lassen, der Reis soll noch etwas Biss haben.

2. Die Rucolablätter abzupfen, waschen, abtropfen lassen und klein schneiden. 1 Knoblauchzehe schälen und klein schneiden. Rucola, Knoblauch und Parmesan unter den Risotto ziehen, mit Salz und Cayennepfeffer abschmecken.

3. Die Nüsse ohne Fett hell anrösten. Zucchino und Aubergine würfeln. Im Öl mit einer ungeschälten Knoblauchzehe anbraten, salzen und pfeffern. Die Nüsse hinzufügen.

4. Den Risotto auf vorgewärmte Teller verteilen. In die Mitte jeweils etwas Gemüse setzen.

Nudeln mit Bärlauchpesto

Zutaten

100 g Bärlauch

50 g Petersilie

4 EL Gemüsebrühe

4 EL Olivenöl

1 EL frisch geriebener Parmesan

1 Spritzer Zitronensaft

400 g Penne oder andere Nudeln

Salz

Pfeffer aus der Mühle

1. Die Bärlauch- und Petersilienblätter waschen und grob schneiden.

2. Die Kräuterblätter mit Gemüsebrühe, Olivenöl, Parmesan und einem Spritzer Zitronensaft in einem Mixer zu einer feinen Paste verarbeiten.

3. Die Nudeln in reichlich Salzwasser bissfest kochen, auf einem Sieb abtropfen lassen.

4. Die Nudeln mit dem Bärlauchpesto in einem Topf erhitzen, falls nötig, noch etwas Nudelkochwasser hinzufügen und mit Salz und Pfeffer abschmecken.

SPARGEL-KRÄUTER-LASAGNE

ZUTATEN

Für die Teigblätter:

100 g Mehl

50 g Hartweizengrieß

1 Ei

1 Eigelb

1 EL Olivenöl

Salz

Mehl zum Ausrollen

verschiedene Kräuterblätter
(z. B. Petersilie, Dill, Salbei, Kerbel)

Für die Füllung:

je 500 g weißer und grüner Spargel

$\frac{1}{4}$ l Gemüsebrühe

3 EL Olivenöl

50 g Butter

Salz

Cayennepfeffer

1 Spritzer Zitronensaft

1. Für den Nudelteig Mehl, Hartweizengrieß, Ei, Eigelb, Olivenöl und etwas Salz zu einem glatten, elastischen Teig verkneten. In Klarsichtfolie wickeln und mindestens 30 Minuten ruhen lassen.

2. Teig mit einem Nudelholz oder am besten mit der Nudelmaschine dünn ausrollen, dabei häufig mit Mehl bestäuben. Die Teigfläche hauchfein mit Wasser bepinseln oder besprühen (am besten mit einer Sprühflasche) und die Kräuterblätter dicht nebeneinander auf eine Hälfte des Teiges legen. Die andere Hälfte darüber klappen, mit den Händen andrücken und darauf achten, dass keine Luftblasen entstehen. Mit etwas Mehl bestäubt langsam auf die gewünschte Stärke ausrollen. Mit einem Teigrad in 10 x 15 cm große Rechtecke schneiden. Auf mit Mehl bestäubte Tücher legen.

3. Für die Füllung den Spargel schälen, den grünen nur im unteren Drittel, und die holzigen Enden abschneiden. Die Stangen quer halbieren.

4. Spargelschalen und -enden waschen und abtropfen lassen. Die Gemüsebrühe aufkochen, die Spargelschalen und -enden hineingeben und 20 Minuten ziehen lassen. Durch ein feines Sieb gießen und den Spargelsud auffangen.

5. 2 EL Olivenöl sanft erhitzen und den Spargel darin anbraten. 1/8 l Spargelfond angießen und zugedeckt 7 bis 8 Minuten garen.

6. Den Fond durch ein Sieb gießen und die kalte Butter in kleinen Flöckchen hineinmixen. Mit Salz, Cayennepfeffer und Zitronensaft abschmecken.

7. Die Nudelblätter in reichlich Salzwasser mit 1 EL Olivenöl bissfest garen, mit einer Schaumkelle vorsichtig herausnehmen, kurz abtropfen lassen und auf vorgewärmte flache Teller legen. Auf eine Hälfte der Nudelblätter die Spargelstangen verteilen, die zweite Hälfte darüber klappen und mit der Spargelsauce überziehen.

VEGETARISCHES

GRILLGEMÜSE MIT ROSMARIN

ZUTATEN

2 weiße Zwiebeln

4 Möhren

2 Selleriestangen

1 Zucchino

200 g Champignons

Salz, Pfeffer aus der Mühle

Kreuzkümmel aus der Mühle

1 Knoblauchzehe

1 Rosmarinzweig

2 Scheiben Ingwer

50 g Butter, 1/8 l Gemüsebrühe

1. Zwiebeln und Möhren schälen, Zwiebeln in Spalten und Möhren schräg in Scheiben schneiden. Den Sellerie schräg in Scheiben schneiden. Den Zucchino längs halbieren und ebenfalls in Scheiben schneiden. Die Champignons mit einem trockenen Tuch säubern und je nach Größe halbieren oder vierteln. Alle Gemüsesorten mischen, mit Salz, Pfeffer und Kreuzkümmel würzen. Den Knoblauch schälen und in feine Scheiben schneiden.

2. Das Gemüse auf die glänzende Seite von einem großen Stück Alufolie verteilen, Rosmarinzweig, Ingwer und Knoblauchblättchen darüber geben. Mit Butterflöckchen belegen und die Brühe darüber träufeln. Die Folie über der Gemüsemischung zusammenfalten, dabei darauf achten, dass die glänzende Seite innen ist.

3. Auf dem Grill oder bei 180 °C im vorgeheizten Ofen in etwa 30 Minuten bissfest garen.

RATATOUILLEGRATIN

ZUTATEN

je 2 rote und gelbe Paprikaschoten

1 grüne Paprikaschote

1 weiße Zwiebel, 1 Zucchino

2 Knoblauchzehen

Salz, Pfeffer aus der Mühle

1 EL gemischte gehackte Kräuter
(Rosmarin, Thymian und Bohnenkraut)

Butter für die Form

50 g Weißbrotbrösel

100 g geriebener Hartkäse

3 EL Olivenöl

1. Die Paprikaschoten vierteln, Stielansatz und Kerne entfernen. Die Viertel noch einmal quer halbieren. Die Zwiebel schälen, halbieren und in Streifen schneiden. Den Zucchino waschen, die Enden entfernen und in Scheiben schneiden. Den Knoblauch schälen und halbieren.

2. Das Gemüse und den Knoblauch mischen und mit Salz, Pfeffer und den Kräutern kräftig würzen. Den Backofen auf 170 °C vorheizen.

3. Eine Auflaufform einfetten und das Gemüse einfüllen. Die Weißbrotbrösel und den Käse darüber streuen und das Olivenöl darüber träufeln.

4. Das Gratin in den vorgeheizten Ofen stellen und in 30 bis 40 Minuten goldbraun überbacken.

GEMÜSEPFANNE MIT KURKUMAREIS

ZUTATEN

150 g Langkornreis

1 TL Kurkuma

3 EL Erdnussöl

350 ml Gemüsebrühe

150 g Champignons

2 Selleriestangen, 2 Möhren

1 Paprikaschote, 200 g Chinakohl

150 g Mungobohnensprossen

4 EL halbtrockener Sherry

2 EL Sojasauce

1 TL frisch geriebener Ingwer

1 TL Honig

Cayennepfeffer, Salz

1. Den Reis waschen und abtropfen lassen. Reis und Kurkuma in 1 EL Öl anschwitzen und 300 ml Brühe zugeben. Aufkochen lassen und zugedeckt 15 bis 20 Minuten bei schwacher Hitze ziehen lassen. Zwischendurch umrühren.

2. Die Pilze mit einem trockenen Tuch säubern und vierteln. Die Selleriestangen schräg in dünne Scheiben schneiden. Die Möhren schälen und in feine Streifen schneiden. Die Paprika halbieren, Stielansatz und Kerne entfernen, ebenfalls in feine Streifen schneiden. Den Chinakohl putzen und in 1/2 cm breite Streifen schneiden.

3. In einer Pfanne das restliche Öl auf kleiner Stufe erhitzen. Die Möhren- und Paprikastreifen und die Selleriescheiben darin anbraten. Nach etwa 2 bis 3 Minuten den Chinakohl, die Champignons und die Sprossen zugeben und weitere 2 Minuten braten.

4. Das Gemüse mit Sherry ablöschen und die restliche Brühe, Sojasauce, Ingwer und Honig zugeben. Zuletzt den Kurkumareis unterrühren und noch einmal erhitzen. Mit Cayennepfeffer und Salz abschmecken.

KARTOFFEL-GEMÜSE-AUFLAUF

ZUTATEN

800 g Kartoffeln, Salz

200 g Möhren, 250 g Brokkoli

150 g Erbsen

150 ml Milch, 150 g Sahne, 4 Eier

200 g geriebener Hartkäse

Pfeffer aus der Mühle, Cayennepfeffer

frisch geriebene Muskatnuss

1 Knoblauchzehe

1 TL gemischte Kräuter
(Majoran, Thymian und Oregano)

Butter für die Form

1. Die Kartoffeln schälen und in Salzwasser gar kochen. Etwas abkühlen lassen und in dicke Scheiben schneiden.

2. Die Möhren schälen und in Scheiben schneiden. Den Brokkoli in kleine Röschen teilen und mit den Möhren in Salzwasser blanchieren. Erbsen ebenfalls blanchieren. Alles in Eiswasser abschrecken und abtropfen lassen.

3. Milch, Sahne, Eier und 50 g Käse miteinander verrühren. Mit Salz, Pfeffer, Cayennepfeffer, Muskat, gehacktem Knoblauch und Kräutern kräftig abschmecken.

4. Den Backofen auf 170 °C vorheizen. Die Hälfte der Kartoffeln in einer gefetteten Auflaufform verteilen. Möhren, Brokkoli und Erbsen darauf geben und drei Viertel der Eiermilch darüber gießen. Mit den übrigen Kartoffeln abdecken und die restliche Milch darüber gießen. Mit Käse bestreuen.

5. Auflauf im Ofen in etwa 1 Stunde goldbraun backen.

Gefüllte Zwiebeln mit Paprikagemüse

Zutaten

4 Zwiebeln (etwa 200 g)

600 g grobes Meersalz

je 1/2 gelbe, rote und grüne Paprikaschote

1/2 kleiner Zucchino, 80 g Champignons

1 Knoblauchzehe

2 EL Olivenöl, 1 EL Balsamico-Essig

Salz, Pfeffer aus der Mühle

1 Bohnenkrautzweig

100 g saure Sahne, 50 g Sahne

Cayennepfeffer

Kümmel aus der Mühle, 1 Spritzer Zitronensaft

1 EL frisch geschnittenes Bohnenkraut

1. Die Zwiebeln abreiben, das obere Drittel und den Boden gerade abschneiden. Den Backofen auf 200 °C vorheizen.

2. Aus dem Meersalz in einer ofenfesten Form vier Sockel formen und die Zwiebeln mit Hütchen darauf setzen. Im Ofen 45 Minuten garen.

3. Die Paprika putzen und in Rauten schneiden. Zucchino waschen und längs halbieren, Champignons putzen und Knoblauch schälen, alles klein hacken. Paprika, Zucchini, Champignons und Knoblauch im heißen Öl kurz anschwitzen. Mit Essig, Salz und Pfeffer würzen und den Bohnenkrautzweig darin ziehen lassen.

4. Die geschmorten Zwiebeln aushöhlen und mit dem Paprikagemüse füllen. Die Zwiebeldeckel aufsetzen und für weitere 10 bis 15 Minuten bei 200 °C in den Ofen schieben.

5. Das Zwiebelfleisch mit der sauren Sahne pürieren. Die Sahne dazugeben und mit Salz, Cayennepfeffer, einer Prise Kümmel und Zitronensaft würzen. Das Bohnenkraut hineinrühren. Die Zwiebeln mit der Sauce anrichten.

VEGETARISCHES

KÖRNDL-GEWÜRZ-SCHMARREN

ZUTATEN

200 g Mehl

500 g saure Sahne

5 Eigelb, 1 Ei, 5 Eiweiß, Salz

je 2–3 EL geröstete Kürbis- und Sonnenblumenkerne

1 TL schwarze Pfefferkörner

1 TL Korianderkörner

1 TL Kümmel

1/4 Zimtstange

Cayennepfeffer

60 g Butter

1. Das Mehl mit saurer Sahne, Eigelb und Ei zu einem glatten Teig verrühren. Das Eiweiß mit einer Prise Salz zu steifem Schnee schlagen, mit den Kernen unter den Teig ziehen.

2. Pfeffer, Koriander, Kümmel und die zerkrümelte Zimtstange in eine Gewürzmühle füllen. Den Teig damit würzen und mit Salz und Cayennepfeffer abschmecken.

3. Den Backofen auf 180 °C vorheizen. In einer ofenfesten Pfanne 15 g Butter aufschäumen lassen. Die Hälfte des Teiges dazugeben und bei kleiner Hitze goldbraun backen. Den Teig wenden und im Ofen 8 bis 10 Minuten fertig backen.

4. Den Teig mit 2 Holzspateln in Stücke reißen und warm stellen. Den restlichen Teig auf die gleiche Art verarbeiten.

5. Die Teigstücke in der restlichen Butter noch einmal kurz anbraten und auf vorgewärmten Tellern anrichten.

AUBERGINEN-PAPRIKA-QUICHE

ZUTATEN

Für den Teig:

150 g Mehl

60 g Butter

2 Eigelb

Salz

Butter und Mehl für die Form

Für den Belag:

1 Zwiebel

1 rote Paprikaschote

1 Aubergine

150 ml Milch, 150 g Sahne, 2 Eier

1 TL Tandoorigewürz

1 TL frische Thymianblätter

1. Für den Boden Mehl, kalte Butter, Eigelb, 3 EL Wasser und eine Prise Salz zu einem glatten Teig verarbeiten. In Klarsichtfolie gewickelt 1 Stunde im Kühlschrank ruhen lassen.

2. Eine Tarteform (28 cm Ø) mit flüssiger Butter einpinseln und mit Mehl bestäuben. Den Teig auf einer bemehlten Arbeitsfläche möglichst dünn ausrollen. Die Tarteform damit auskleiden.

3. Die Zwiebel schälen, die Paprika halbieren, Stielansatz und Kerne entfernen und waschen. Von der Aubergine die Enden abschneiden und ebenfalls waschen. Alles in kleine Würfel schneiden. Den Backofen auf 180 °C vorheizen.

4. Mit dem Stabmixer Milch, Sahne und Eier verrühren. Das Gemüse darunter mischen, mit Salz und Tandoorigewürz kräftig abschmecken und den Thymian zugeben.

5. Die Mischung in die Tarteform gießen und die Quiche auf der untersten Einschubleiste in 30 bis 40 Minuten goldbraun backen.

6. Die Tarte etwas abkühlen lassen, dann aus der Form nehmen. In Stücke schneiden und lauwarm servieren.

GEBRATENER BLUMENKOHL AUF AUBERGINEN-KORIANDER-SAUCE

ZUTATEN

1 Aubergine

Salz, Pfeffer aus der Mühle

2 EL Olivenöl, 100 g saure Sahne

50 g Crème fraîche, 50 g Sahne

Cayennepfeffer, Koriander aus der Mühle

1 Spritzer Zitronensaft

4 EL Butter, 40 g Weißbrotbrösel

1 Knoblauchzehe

1 Blumenkohl, 3 EL Öl

1 EL Schnittlauchröllchen

1. Die Aubergine in kleine Würfel schneiden, mit Salz und Pfeffer würzen und in einer Pfanne im Olivenöl anbraten.

2. Saure Sahne mit Crème fraîche und Sahne verrühren, die Auberginenwürfel hineinrühren und mit Salz, Cayennepfeffer, Koriander und Zitronensaft würzen.

3. Die Butter aufschäumen lassen. Die Brösel mit dem ungeschälten Knoblauch hineingeben, salzen und anbräunen.

4. Den Blumenkohl in Röschen zerteilen. Große Exemplare in dicke Scheiben schneiden, kleinere ganz lassen. In Salzwasser blanchieren und auf Küchenpapier abtropfen lassen.

5. Blumenkohl in einer Pfanne im Öl anbräunen, mit Salz und Pfeffer würzen und auf Küchenpapier abtropfen lassen.

6. Den Blumenkohl und die Auberginensauce auf Tellern anrichten, die Bröselbutter über den Blumenkohl träufeln. Mit Schnittlauch bestreuen.

ROTE BETE IN KÜMMEL-SALZ-KRUSTE

ZUTATEN

4 mittelgroße Rote Beten

6 Eiweiß, Salz

500 g grobes Meersalz, 60 g Mehl

4 EL Kümmel

1 EL Öl für die Form

1 Zwiebel

2 EL Rotweinessig, 50 ml Gemüsebrühe

3 EL Sonnenblumenöl

1 TL Thymianblätter

Pfeffer aus der Mühle

Zucker

1. Die Roten Beten unter fließendem Wasser gründlich abbürsten. Darauf achten, dass die Schale nicht verletzt wird, und trockentupfen.

2. Das Eiweiß mit einer Prise Salz steif schlagen. Das Meersalz mit dem Mehl und 3 EL Kümmel mischen und unter das Eiweiß ziehen.

3. Den Backofen auf 220 °C vorheizen und eine Auflaufform einölen. Ein Drittel der Salzmasse auf den Boden der Auflaufform streichen. Die Roten Beten darauf setzen und mit der übrigen Salzmasse bedecken. Im Ofen etwa 1 1/2 bis 2 Stunden backen.

4. Die Zwiebel schälen und in kleine Würfel schneiden. Den übrigen Kümmel in einer Pfanne ohne Fett rösten. Essig und Brühe vermengen und das Öl unterrühren. Zwiebel, Kümmel und Thymian zugeben, mit Salz, Pfeffer und Zucker würzen.

5. Die Roten Beten aus der Salzkruste brechen, schälen und in Scheiben schneiden. Mit der Vinaigrette anrichten.

VEGETARISCHES

TANDOORI-CRÊPES MIT SCHAFSKÄSE

ZUTATEN

125 g Mehl, 250 ml Milch, 2 Eier, Salz

1 TL Tandoorigewürz, 50 g Butter

Öl zum Ausbacken

1 Zwiebel, 1 Knoblauchzehe

250 g eingelegte Artischockenböden

250 g Fetakäse, 250 g Kirschtomaten

2 EL Olivenöl

Pfeffer aus der Mühle

1 TL frisch geschnittene Thymianblätter

Butter fürs Blech

1. Mehl, Milch, Eier, eine Prise Salz, Tandoorigewürz und die flüssige Butter zu einem glatten Crêpeteig verrühren. Durch ein Sieb passieren und 30 Minuten ruhen lassen.

2. Etwas Öl in einer beschichteten Pfanne erwärmen und aus dem Teig dünne Crêpes backen, auskühlen lassen.

3. Zwiebel und Knoblauch schälen und in kleine Würfel schneiden. Artischockenböden und Fetakäse in Würfel schneiden, die Kirschtomaten halbieren.

4. In einer Pfanne im Olivenöl die Zwiebelwürfel glasig anschwitzen. Artischockenböden und Kirschtomaten dazugeben, mit Salz, Pfeffer, Knoblauch und Thymian würzen.

5. Die Crêpes mit Gemüse und Käse füllen und zusammenklappen. Auf ein gebuttertes Blech legen, mit Alufolie bedecken und im Ofen bei 160 °C 15 bis 20 Minuten erhitzen.

KICHERERBSENPFLANZERL AUF BUNTEN BLATTSALATEN

ZUTATEN

250 g getrocknete Kichererbsen

1 Zwiebel, 2 EL Öl

1 Knoblauchzehe, 1 TL scharfer Senf

1 Ei, 1 EL frisch geschnittene Petersilie

Salz, Pfeffer aus der Mühle

frisch geriebene Muskatnuss

Öl zum Braten

500 g bunte Blattsalate

2 EL Rotweinessig, 1/2 TL scharfer Senf

4 EL Gemüsebrühe, 3 EL Olivenöl

1 dünne Scheibe Knoblauch, Zucker

2 Tomaten, 1 EL Petersilie, 1 EL Basilikum

1. Die Kichererbsen 1 Tag in reichlich kaltem Wasser einweichen. Dann in ein Sieb gießen und durch den Fleischwolf drehen oder in einem leistungsfähigen Mixer pürieren.

2. Die Zwiebel schälen, würfeln und im Öl bei milder Hitze glasig dünsten, Knoblauch schälen und klein hacken. Zwiebeln, Knoblauch, Senf, Ei und Petersilie in den Kicherbsenbrei geben. Mit Salz, Pfeffer und einer Prise Muskat würzen.

3. Mit feuchten Händen aus dem Brei kleine Bratlinge formen. Die Bratlinge bei milder Hitze in Öl goldbraun anbraten und auf Küchenpapier abtropfen lassen.

4. Den Salat putzen, gründlich waschen und abtropfen lassen. Für die Vinaigrette Essig, Senf, Brühe, Öl und zerdrückten Knoblauch verrühren, mit Salz, Pfeffer und einer Prise Zucker abschmecken. Die Tomaten überbrühen, schälen und in Würfel schneiden, zusammen mit der Petersilie und dem Basilikum in die Vinaigrette rühren.

5. Die Salatblätter mit der Vinaigrette mischen, auf Teller verteilen und die Kichererbsenpflanzerl darauf anrichten.

Strudelsackerl mit Steinpilzen

Zutaten

325 ml Gemüsebrühe, Salz

60 g Maisgrieß (Polenta)

50 g Schmand

1 EL frisches Bohnenkraut

Pfeffer aus der Mühle

frisch geriebene Muskatnuss

4 Strudelblätter von 15 cm Seitenlänge

Butter zum Bestreichen

300 g Steinpilze

2 EL Öl

3 EL Butter

1 EL frisch geschnittene Kräuter (Petersilie, Kerbel und Bohnenkraut)

1. In einem Topf 250 ml Gemüsebrühe aufkochen, salzen und unter ständigem Rühren den Maisgrieß einrieseln lassen. Etwa 30 Minuten unter Rühren köcheln lassen.

2. Polenta in eine Schüssel geben, mit dem Schmand verrühren, das Bohnenkraut hinzufügen und mit Salz, Pfeffer und Muskat würzen. Backofen auf 170 °C vorheizen.

3. Die Strudelblätter mit Butter bestreichen, in die Mitte je ein Häufchen Polenta setzen und die Teigenden darüber zu einem Säckchen zusammenfalten. 30 Minuten antrocknen lassen. Auf einem mit Backpapier ausgelegten Blech in etwa 25 Minuten im vorgeheizten Ofen goldbraun backen.

4. Die Pilze putzen, größere Exemplare halbieren oder vierteln und im heißen Öl rundherum bräunen, mit Salz und Pfeffer würzen. Mit der restlichen Gemüsebrühe ablöschen, vom Herd nehmen, die Butter und die Kräuter hineingeben.

5. Die Steinpilze auf vorgewärmten Tellern anrichten, mit der Kräutersauce beträufeln und die Strudelsackerl darauf anrichten.

DESSERTS

DESSERTS

PFIRSICH AUF BLÄTTERTEIG
MIT PFEFFERMINZRAHM

ZUTATEN

200 g Blätterteig, Mehl zum Ausrollen

30 g geriebene Mandeln

1 TL Honig

3 EL Sahne

1 Msp Zimt

4 Pfirsiche

60 g Pfirsichkonfitüre

2 cl Pfirsichschnaps

2 Spritzer Zitronensaft

1 Msp Vanillemark

150 g saure Sahne, 50 g Sahne

1 EL Zucker

150 g Himbeeren

Minzeblättchen zum Garnieren

1. Den Blätterteig auf einer bemehlten Arbeitsfläche 2 mm dünn ausrollen. Kreise von 12 cm Durchmesser ausstechen und auf ein mit Backpapier ausgelegtes Backblech legen.

2. Mandeln mit Honig und Sahne verrühren und mit Zimt abschmecken. Die Tarteböden mit der Mandelmasse in der Mitte bestreichen, sodass außen ein kleiner Rand frei bleibt. Den Backofen auf 200 °C vorheizen.

3. Die Pfirsiche halbieren, entkernen und in dünne Spalten schneiden. Die Blätterteigböden damit dicht belegen.

4. Im vorgeheizten Ofen auf der untersten Einschubleiste 12 bis 15 Minuten backen, bis die Tarteböden goldbraun und knusprig sind.

5. Die Pfirsichkonfitüre mit Schnaps, einem Spritzer Zitronensaft und Vanillemark in einem kleinen Topf aufkochen lassen und die Pfirsichspalten damit glasieren.

6. Die saure Sahne mit der Sahne und dem Zucker verrühren. Mit einem Spritzer Zitronensaft würzen.

7. Die Pfirsichtartes mit der Sahnecreme auf flachen Tellern anrichten und mit den Himbeeren und den Minzeblättchen garnieren.

LAUWARME ZWETSCHGEN
MIT WALNUSSEIS

ZUTATEN

750 g Zwetschgen

1 EL Puderzucker

2 Nelken

1/2 Zimtstange, 1/2 Vanillestange

80 ml roter Portwein, 4 cl Sliwowitz

3 EL Butter

1. Die Zwetschgen waschen, halbieren und entsteinen.

2. In einer Pfanne bei milder Hitze den Puderzucker hell karamellisieren. Die Zwetschgenhälften mit den Nelken, der Zimtstange und der aufgeschlitzten Vanilleschote dazugeben und 1 bis 2 Minuten anschwitzen. Mit dem Portwein ablöschen und den Sliwowitz hinzufügen. Zuletzt die kalte Butter in Flöckchen dazurühren.

3. Die Gewürze herausnehmen und die warmen Zwetschgen mit Walnusseis anrichten.

DESSERTS

GRATINIERTE FEIGEN MIT ORANGEN-VANILLE-SCHAUM

ZUTATEN

250 g Himbeeren

40 g Zucker, 1 Spritzer Zitronensaft

10 Feigen

4 cl Orangenlikör

2 Eigelb, 130 g Zucker

Mark von 1/2 Vanilleschote

Schale von 1/2 unbehandelten Orange

50 g Quark, 2 Eiweiß

Puderzucker zum Bestäuben

1. Die Himbeeren verlesen, den Zucker und einen Spritzer Zitronensaft dazugeben und mit dem Stabmixer fein pürieren. Die Masse durch ein feines Sieb passieren.

2. Die Feigen schälen, vierteln und mit Orangenlikör beträufeln. Das Himbeermark auf vier tiefe Teller verteilen und die Feigen darauf anrichten.

3. Eigelb mit der Hälfte des Zuckers, dem Vanillemark und der abgeriebenen Orangenschale hellschaumig schlagen. Den Quark unterheben. Eiweiß mit dem restlichen Zucker zu cremigem, steifem Schnee schlagen und unter die Eigelbmasse ziehen.

4. Die Schaummasse über den Feigen verteilen und unter dem vorgeheizten Grill goldbraun gratinieren. Mit Puderzucker bestäubt servieren.

GEEISTE KARDAMOM-KAFFEE-CREME

ZUTATEN

100 g Sahne

2 EL Kaffeebohnen

1 EL Zucker, 80 ml starker Kaffee

1 gehäufter EL Instant-Kaffee

90 g Zucker

1 gestrichener TL Kardamom

4 Eigelb

1 1/2 Blatt Gelatine

4 cl starker brauner Rum

200 g Sahne

Kaffeepulver zum Bestäuben

1. Sahne, Kaffeebohnen und Zucker vermischen und zugedeckt 1 Tag im Kühlschrank durchziehen lassen.

2. Den Kaffee, das Kaffeepulver, die Hälfte des Zuckers und den Kardamom einmal aufkochen lassen. 30 Minuten ziehen lassen.

3. Eigelb mit dem restlichen Zucker schaumig rühren. Den heißen Gewürzkaffee dazugeben und weiter schlagen, bis die Masse wieder schaumig und abgekühlt ist.

4. Die Gelatine in kaltem Wasser einweichen, ausdrücken und im Rum erwärmen, bis sie sich auflöst. Unter die Creme rühren.

5. Die Sahne steif schlagen und unter die Creme ziehen. In Kaffeetassen füllen und einige Stunden im Tiefkühlgerät gefrieren lassen.

6. Für den Kaffeeschaum die Sahne mit den Kaffeebohnen abseihen, die Sahne schaumig schlagen und auf die Tassen oder Förmchen verteilen. Mit etwas Kaffeepulver bestäuben.

KARAMELLISIERTE ZIMTCREME

ZUTATEN

¼ l Milch

250 g Sahne

5 Zimtstangen

5 Eigelb

50 g Zucker

etwas Zimt zum Bestäuben

3 TL feiner brauner Zucker zum Bestreuen

1. Die Milch mit der Sahne und den Zimtstangen einmal aufkochen, vom Herd nehmen und mindestens 2 Stunden ziehen lassen. Die Zimtstangen herausnehmen.

2. Die Fettpfanne des Backofens knapp zur Hälfte mit Wasser füllen und auf der mittleren Schiene bei 150 °C in den Ofen stellen.

3. Eigelb mit Zucker schaumig schlagen und nach und nach die erhitzte Zimtmilch unterrühren.

4. Die Mischung durch ein Sieb in 4 Portionsförmchen füllen, dabei darauf achten, dass die Oberfläche schaumfrei ist.

5. Die Förmchen ins Wasserbad im Ofen stellen und etwa 1 Stunde stocken lassen.

6. Die Creme im Kühlschrank abkühlen lassen. Die Oberfläche mit Zimt bestäuben, mit braunem Zucker bestreuen und unter dem vorgeheizten Grill karamellisieren lassen.

LEBKUCHENPARFAIT

ZUTATEN

50 g Orangeat

50 g Zitronat

6 cl starker Rum

100 g Zartbitterkuvertüre

5 cl Wasser

150 g Zucker

4 Eigelb, 2 Eier

Mark von 1 Vanilleschote

2 TL Lebkuchengewürz

500 g Sahne

1. Orangeat und Zitronat klein hacken und in Rum einweichen. Die Zartbitterkuvertüre grob raspeln.

2. Wasser und Zucker unter Rühren langsam aufkochen lassen. So lange kochen lassen, bis sich die Zuckerkristalle aufgelöst haben.

3. Eigelb und Eier mit dem Vanillemark und dem Lebkuchengewürz schaumig schlagen. Den heißen Zuckersirup einlaufen lassen und so lange weiter schlagen, bis eine dickschaumige Creme entstanden ist.

4. Die Sahne steif schlagen und ein Drittel davon mit dem eingeweichten Orangeat und Zitronat sowie der Schokolade unter die Eiermasse rühren. Den Rest der Sahne unterheben.

5. In eine mit Klarsichtfolie ausgelegte Terrinenform füllen und im Tiefkühlfach 5 bis 6 Stunden durchfrieren lassen.

Rhabarberstrudel mit Erdbeer-Minze-Sauce

Zutaten

1 kg Rhabarber, 150 g Zucker

50 g Crème fraîche

1 TL abgeriebene unbehandelte Zitronenschale

25 g Zucker, 1 Eigelb

1 EL geriebener Ingwer

50 g geriebene, geröstete Haselnüsse

2 Blätter Strudelteig

flüssige Butter zum Bestreichen

Puderzucker zum Karamellisieren

200 g Erdbeeren, 1 EL Zucker

1 Spritzer Zitronensaft, 2 cl Orangenlikör

1 EL frisch geschnittene Minze

1. Den Rhabarber schälen, in kleine Würfel schneiden und mit dem Zucker bestreuen. 30 Minuten ziehen lassen und kräftig ausdrücken.

2. Crème fraîche, Zitronenschale, Zucker, Eigelb und Ingwer verrühren und mit Rhabarber und Haselnüssen mischen. Backofen auf 200 °C vorheizen.

3. Jeden Strudelteig auf ein Tuch legen und mit flüssiger Butter bestreichen. Die Rhabarberfüllung längs im zweiten Viertel verteilen, den schmalen Teigstreifen daneben über die Füllung klappen und mit Hilfe des Tuches den restlichen Teig aufrollen. Die Strudel auf ein gebuttertes Blech legen und etwa 20 Minuten im Ofen backen. Kurz vor Ende der Garzeit mit Puderzucker bestäuben und bei starker Oberhitze karamellisieren lassen.

4. Die Erdbeeren, Zucker, Zitronensaft und Orangenlikör mit dem Stabmixer zu einer glatten Sauce verrühren. Durch ein feines Sieb passieren und die Minze hineinrühren.

5. Den Strudel warm mit der Erdbeersauce servieren.

DESSERTS

MARINIERTE MELONE MIT STERNANIS

ZUTATEN

1 Vanilleschote, 150 g Zucker

2 TL Speisestärke

Saft von 2 Orangen

1/2 mittelscharfe rote Chilischote

2 Streifen einer unbehandelten Orangenschale

1 Zimtstange, 2 Sternanis

50 g frischer Ingwer in Scheiben

1 kleine Honigmelone

1 kleine Kantalup-Melone

1 Spritzer Zitronensaft

1. $1/2$ l Wasser zum Kochen bringen. Die Vanilleschote aufschlitzen und mit dem Zucker im Wasser aufkochen lassen. Die Speisestärke mit dem Saft von 1 Orange glatt rühren. Unter Rühren in die Zuckerlösung geben und 2 Minuten darin köcheln lassen.

2. Die Chilischote entkernen. Den restlichen Orangensaft, die Orangenschale, die Chilischote, die Zimtstange, den Sternanis und die Ingwerscheiben dazugeben und in der Flüssigkeit ziehen lassen.

3. Die Melonen halbieren und entkernen, schälen und in kleine Stücke schneiden. In den Zuckersirup geben und mit Zitronensaft abschmecken. Die Melonen 1 Tag marinieren.

4. Am nächsten Tag die Gewürze entfernen. Die Melonenstücke zimmerwarm mit einer Kugel Joghurteis servieren.

WALDMEISTERSABAYON

ZUTATEN

1/4 l trockener Weißwein

50 g Zucker

1/2 Vanilleschote

40 g Waldmeister

100 ml trockener Sekt

5 Eigelb

1 Spritzer Zitronensaft

nach Belieben einige Himbeeren, Erdbeeren,
oder Pfirsichstückchen

1. Den Weißwein mit Zucker und der aufgeschnittenen Vanilleschote aufkochen und abkühlen lassen.

2. Den Waldmeister etwas anwelken lassen und 30 bis 60 Minuten in der Flüssigkeit ziehen lassen. Durch ein feines Sieb gießen.

3. Die Waldmeisterflüssigkeit mit Sekt und Eigelb in einem Schlagkessel über dem heißen Wasserbad dickschaumig aufschlagen.

4. Mit Zitronensaft abschmecken und warm in Gläser füllen. Entweder pur genießen oder nach Belieben Himbeeren, klein geschnittene Erdbeeren oder Pfirsiche ins Glas geben und sofort servieren.

DESSERTS

KARAMELLISIERTE APFEL-GEWÜRZ-PFANNKUCHEN

ZUTATEN

160 g Mehl, 200 ml Milch, 4 Eigelb

Mark von 1 Vanilleschote

2 cl Stroh-Rum, Salz

1 TL abgeriebene unbehandelte Orangenschale

80 g flüssige Butter

4 Eiweiß, 40 g Zucker

4 aromatische Äpfel

2 Zimtstangen, 2 Sternanis

1 TL schwarzer Pfeffer, 1 TL Pimentkörner

Butter zum Ausbacken

Puderzucker zum Karamellisieren

1. Mehl, Milch und Eigelb glatt rühren. Mit Vanille, Rum, Salz und Orangenschale würzen und die Butter hineinrühren.

2. Das Eiweiß mit dem Zucker zu einem cremigen Schnee schlagen und unter den Teig ziehen.

3. Die Äpfel vierteln, entkernen, schälen und in schmale Spalten schneiden. Die Gewürze grob zerkleinern und in eine Gewürzmühle füllen.

4. In einer kleinen Pfanne etwas Butter aufschäumen. Ein Viertel der Teigmasse darin verteilen und mit einem Viertel der Apfelspalten belegen. Kurz anbacken. Dann den Pfannkuchen auf einen hitzebeständigen Teller gleiten lassen und auf der untersten Einschubleiste unter dem vorgeheizten Grill hell backen. Mit dem restlichen Teig genauso verfahren.

5. Aus der Mühle die Gewürzmischung grob über die Apfelpfannkuchen schroten, mit Puderzucker gut bestäuben und dicht unter dem Grill karamellisieren lassen. Dazu passt Rumsahne oder Rhabarberkompott.

BRATÄPFEL AUF PORTWEINSAUCE

ZUTATEN

4 Äpfel (z. B. Boskoop oder Jonagold)

1 EL brauner Zucker

1 TL Puderzucker

100 ml Portwein

1/8 l Apfelsaft

1 Zimtstange

1 Scheibe Ingwer

1/2 Vanilleschote

3 EL Butter

1. Von den Äpfeln ein Hütchen abschneiden, das Kerngehäuse ausstechen, etwas braunen Zucker hineinstreuen und die Hütchen wieder aufsetzen. Backofen auf 180 °C vorheizen.

2. In einem flachen Topf den Puderzucker bei kleiner Hitze karamellisieren. Mit Portwein ablöschen, einkochen lassen und den Apfelsaft angießen. Zimt, Ingwer und aufgeschlitzte Vanilleschote dazugeben und die Äpfel hineinsetzen. Im vorgeheizten Ofen etwa 25 Minuten garen.

3. Die Äpfel warm stellen, den Schmorsaft durch ein Sieb gießen. In den heißen, aber nicht kochenden Sud die kalte Butter in Flöckchen einrühren.

4. Die Portweinsauce in angewärmte tiefe Teller verteilen, die Bratäpfel darauf setzen und eine Kugel Eis dazu reichen.

DESSERTS

LAUWARMER SCHOKOKUCHEN AUF KARAMELLISIERTEN BIRNEN

ZUTATEN

Butter und Mehl für die Formen

100 g Zartbitterkuvertüre

30 g kandierter Ingwer

50 g Butter

45 g Puderzucker

2 Eigelb, 2 Eiweiß

50 g Mehl

40 g Zucker

2 Birnen

2 EL Butter

1 Spritzer Birnengeist

1. 4 Metallförmchen von etwa 8 cm Durchmesser mit Butter auspinseln und mit Mehl bestäuben. Die Kuvertüre über Wasserdampf schmelzen lassen.

2. Den Ingwer klein schneiden. Die Butter mit 40 g Puderzucker schaumig schlagen. Nacheinander das Eigelb dazugeben und das Mehl hineinrühren, dann die flüssige Kuvertüre und den Ingwer unterrühren. Backofen auf 160 °C vorheizen.

3. Eiweiß mit dem Zucker zu Schnee schlagen und unter die Schokomasse heben. Die Förmchen mit der Masse füllen, glatt streichen und etwa 20 Minuten backen.

4. Die Birnen schälen, vierteln, entkernen und in Spalten schneiden. In einer Pfanne den restlichen Puderzucker hell karamellisieren. Die Birnenspalten dazugeben und 2 bis 3 Minuten darin anschwitzen. Die Pfanne vom Herd nehmen und die Butter dazugeben. Mit Birnengeist abrunden.

5. Die warmen Schokokuchen aus den Förmchen lösen und mit den Birnenspalten anrichten.

VANILLEKUCHEN MIT MARZIPAN

ZUTATEN

150 g Marzipanrohmasse, 50 g Puderzucker

7 Eigelb, Mark von 2 Vanilleschoten

7 Eiweiß, 100 g Zucker

120 g Mehl, 1 TL Backpulver

150 g gehobelte Mandeln, 120 g Schokoraspel

100 g flüssige Butter

Butter und Mehl für das Blech

150 g dunkle Kuvertüre

1 EL Honig

80 ml Kondensmilch

1. Das Marzipan mit dem Puderzucker, dem Eigelb und dem Vanillemark zu einer hellschaumigen Creme aufschlagen.

2. Das Eiweiß mit dem Zucker zu einem cremigen, festen Schnee schlagen. Das Mehl und das Backpulver sieben und mit den Mandeln und Schokoraspeln vermischen. Abwechselnd mit dem Eiweiß unter die Eigelbmasse ziehen. Zuletzt die flüssige, warme Butter unter die Masse ziehen.

3. Den Backofen auf 180 °C vorheizen. Ein Backblech mit flüssiger Butter bestreichen, dünn mit Mehl bestäuben, den Teig darauf geben und glatt streichen. Den Kuchen auf der mittleren Schiene etwa 25 Minuten backen.

4. Die Kuvertüre klein hacken, mit Honig und Kondensmilch über dem Wasserbad schmelzen lassen und glatt rühren.

5. Den ausgekühlten Kuchen mit der Glasur überziehen, trocknen lassen und in Stücke schneiden.

NELKEN-NUSS-GUGELHUPF

ZUTATEN

150 g geriebene Haselnüsse

300 g Butter

180 g Puderzucker

½ TL gemahlene Nelken

6 Eigelb

150 g Mehl

1 TL Backpulver

50 g Schokoraspel

6 Eiweiß

120 g Zucker

Butter und Mehl für die Form

Puderzucker zum Bestäuben

1. Die Haselnüsse auf einem Blech im Ofen bei 160 °C hell anrösten und auskühlen lassen.

2. Die Butter mit dem Puderzucker und dem Nelkenpulver schaumig rühren. Nach und nach das Eigelb hineinrühren.

3. Das Mehl mit dem Backpulver sieben und mit den gerösteten Haselnüssen und den Schokoraspeln mischen.

4. Das Eiweiß mit dem Zucker cremig schlagen und abwechselnd mit dem Mehlgemisch unter die Buttermasse heben.

5. Backofen auf 180 °C vorheizen. Die Gugelhupfform mit weicher Butter einpinseln und mit Mehl bestäuben.

6. Die Kuchenmasse hineinfüllen, glatt streichen und im vorgeheizten Ofen etwa 1 Stunde backen. Etwas abkühlen lassen, aus der Form stürzen und mit Puderzucker bestäuben.

REGISTER

A

Apfel-Gewürz-Pfannkuchen, karamellisierte	130
Auberginen-Paprika-Quiche	117
Avocadosuppe, geeiste, mit Crevetten	61

B

Backhendl auf Kartoffel-Brunnenkresse-Salat	76
Bärlauch-Brezenknödel auf gebratenen Austernpilzen	55
Bärlauchsuppe mit Spitzkohl	58
Bauernbrot, geröstetes, mit Pfifferlingen und Petersilie	44
Blätterteigtaschen mit Schinkenfüllung	44
Blumenkohl, gebratener, auf Auberginen-Koriander-Sauce	118
Bratäpfel auf Portweinsauce	130
Brezensalat mit Kirschtomaten	45
Brokkoli-Blumenkohl-Suppe mit Parmesanravioli	60

C / D / E

Carpaccio von der Kalbshaxe mit Steinpilzen	51
Dorade mit Rosmarin-Kartoffel-Sauce	106
Ente mit Essigzwetschgen	77

F

Fasanenbrust auf weißer Pfeffersauce	77
Feigen, gratinierte, mit Orangen-Vanille-Schaum	126
Fischeintopf mit Curry	67
Forelle mit Basilikumbutter	101
Frühlingskräutersalat	40

G

Geflügelleber in Basilikum-Orangen-Sauce	47
Gemüsepfanne mit Kurkumareis	115
Gemüserouladen mit Frischkäse-Kerbel-Füllung	47
Gemüsesalat, gebratener, mit Garnelen und Ingwer	43
Gemüsesuppe, geeiste	61
Graupensalat mit Kapern und gebratener Geflügelbrust	46
Graupensuppe	70
Grillgemüse mit Rosmarin	114

H

Hackfleischbällchen mit Tomaten-Bohnen-Gemüse	88
Heilbutt in Petersilienkruste	99
Hendlsülze auf Schnittlauchsauce	48

K

Kabeljau auf geräucherter Selleriesauce	102
Kalbfleischpflanzerl auf Estragon-Kartoffelsalat	52
Kalbshaxe, glasierte, mit Kirschtomaten	83
Kalbsleber auf Bohnen-Artischocken-Salat	85
Kalbslüngerl mit Wachtelspiegelei	71
Kalbsnieren in Senfkruste	85
Kalbsrouladen auf Spinat und Mozzarella	84
Kalbsrücken mit Kräuterkruste	83
Kaninchenfilets auf gebratenem Fenchel	78
Kaninchenkeulen mit geschmorten Artischocken	79
Kardamom-Kaffee-Creme, geeiste	126
Kartoffeleintopf, feuriger, mit Putenbrust	64
Kartoffel-Gemüse-Auflauf	115

Kartoffelsuppe mit Chinakohl	64
Käsesuppe mit Fenchel und Speck	65
Kichererbsenpflanzerl auf bunten Blattsalaten	120
Knoblauch-Kartoffel-Gröstl	89
Knoblauchsuppe mit Ingwer und Curry	63
Körndl-Gewürz-Schmarren	117
Kräuterhendl auf Schmorgemüse	74
Krustenbraten mit Kümmel und Schmorgemüse	86
Kümmel-Nudelfleckerl mit Lamm und Pfifferlingen	91
Kürbisgnocchi mit Salbei-Nuss-Butter	110

L

Lachsfilet mit Tandoori-Reis und Apfel-Ingwer-Sauce	107
Lachsforelle, gebeizte, mit Zitronen-Joghurt-Sauce	42
Lammcurry	81
Lammkoteletts mit Salbei	81
Lebkuchenparfait	127

M

Melone, marinierte, mit Sternanis	129
Möhren-Ingwer-Suppe mit karamellisiertem Apfel	62

N/O

Nelken-Nuss-Gugelhupf	133
Nudeln mit Bärlauchpesto	111
Nudeln mit Räucherlachs in Meerrettichschaum	96
Obatzda	45

P

Pfirsich auf Blätterteig mit Pfefferminzrahm	124
Poularde aus dem Pfeffertopf	74
Putenkeule mit Kurkuma	76

R

Ratatouillegratin	114
Räucherlachssuppe mit Dill	65
Rehkeule in Wacholder-Quitten-Rahm	79
Rehrücken mit Rhabarber-Chutney	80
Renke auf Apfel-Gurken-Salat	98
Rhabarberstrudel mit Erdbeer-Minze-Sauce	128
Rinderfiletspitzen mit Garam masala	89
Rochen mit Kapernbutter auf gebratenem Fenchel	97
Rotbarbe auf Zwiebelkraut	105
Rote-Bete-Carpaccio mit Meerrettich	55
Rote Bete in Kümmel-Salz-Kruste	118

S

Safran-Gemüsesuppe mit Topfenpflanzerl	69
Safran-Risotto mit Zucchini-Nuss-Gemüse	110
Saibling in der Folie	101
Saiblingstatar mit Senfsauce auf Kartoffeln	40
Saltimbocca	84
Sauerampfersuppe	58
Schokokuchen, lauwarmer, auf karamellisierten Birnen	132
Schwammerlsuppe mit Kümmel	63
Schwarzwurzelsuppe mit geröstetem Anis	70
Schweinefilet in Kümmelpanade auf Chili-Kraut-Salat	87
Schweineschulter mit Bouillonkartoffeln	87
Seeteufel in Estragon-Senf-Sauce	106
Seewolf im Strudelteig gebacken	103
Seezunge auf Zucchini-Tomaten-Gemüse	99

Spargel-Kräuter-Lasagne	112
Strudelsackerl mit Steinpilzen	121

T

Tafelspitz mit Radieserl-Vinaigrette	50
Tandoori-Crêpes mit Schafskäse	120
Thunfischsteak mit Garam-masala-Sauce	105
Tomatensuppe mit Basilikum-Parmesan-Nockerln	68

V/W

Vanillekuchen mit Marzipan	132
Waldmeistersabayon	129
Waller auf Paprikasauce	98
Waller mit Rettich-Spitzkohl-Gemüse	96
Wildragout	80

Z

Zander mit lauwarmem Möhren-Birnen-Salat	94
Zander mit Wacholderkruste	94
Zimtcreme, karamellisierte	127
Zitronensuppe mit Muscheln	67
Zwetschgen, lauwarme, mit Walnusseis	124
Zwiebeln, gefüllte, mit Paprikagemüse	116
Zwiebelsalat, roter	42

Bildnachweis:

Rezeptfotos: Christian R. Schulz

Aufmacherfotos: Christian R. Schulz

Coverfoto: Alexander Haselhoff

Alexander Haselhoff: S. 6–7

Reinhard Tierfoto/Hans Reinhard: Vor- und Nachsatz, S. 12 (unten), S. 13 (links), S. 14 (rechts), S. 17 (links und rechts oben), S. 18 (rechts), S. 20 (links), S. 22 (rechts), S. 24 (links und rechts), S. 25 (rechts), S. 26–34, S. 35 (oben rechts), S. 107, Umschlagrückseite (oben links und rechts)

Silit: S. 36 (rechts), S. 37

StockFood: Eising S. 10–11, S. & P. Eising S. 12 (oben), S. Eising S. 13 (rechts), S. Eising S. 14 (links), M. Brauner S. 15 (links), Studio Bonisolli S. 15 (rechts), Rolf Feuz S. 16 (links), S. Eising S. 16 (rechts), S. Eising S. 17 (rechts unten), S. Eising S. 18 (links), Studio Bonisolli S. 19 (links), Rosenfeld Images LTD S. 19 (rechts), M. Stock LTD S. 20 (rechts), Rosenfeld Images LTD S. 21 (links), S. Eising S. 21 (rechts), H. Bischoff S. 22 (links), S. & P. Eising S. 23 (links), FMB Brauner S. 23 (rechts), M. Stock LTD S. 25 (links), TH Foto-Werbung S. 35 (unten links), Studio Losito S. 36 (unten links), S. & P. Eising S. 50, Studio Bonisolli S. 52, M. Stock LTD S. 88